Pour Alia,

ces fabliaux en forme

de chroniques

cordialement

Heureux habitants
de l'Aveyron
et des autres départements
français…

Du même auteur

Philippe Meyer

Heureux habitants
de l'Aveyron

et des autres départements
français...

Éditions du Seuil

EN COUVERTURE :
dessin de Plantu.

ISBN : 2-02-012116-6.

© ÉDITIONS DU SEUIL, AVRIL 1990.

Heureux habitants des départements français et des contrées francophones circumvoisines, les jeunes filles mesmérisées par Julien Clerc et les garçons engagés dans le dur combat contre l'excès de sébum tiennent ordinairement un journal intime. Les textes rassemblés dans ce volume à prix modique, rédigés au jour le jour par un auteur encore dépourvu de nègre, puis déclamés à France-Inter chaque matin ouvrable, constituent très exactement le contraire d'un journal intime.

On les aurait même volontiers regroupés sous le titre de *Journal extime* si l'éditeur n'avait craint de rebuter le lecteur, cet éternel paresseux, ce qui viendrait s'ajouter à sa terreur à l'idée que vous êtes peut-être en train de consulter cet ouvrage debout devant le rayon où votre libraire l'a rangé, et sans la moindre intention de vous rendre à la caisse lorsque vous aurez fini de picorer dans ces pages. (Sachez, dans ce cas et pour le remords de vos nuits, que vous m'avez privé de 5 % du prix de gros.)

Ce journal extime constitue une variante dite « billet d'humeur » de l'exercice de la profession de journaliste. Le journalisme est un poison ou un philtre dont l'absorption déclenche l'impulsion irrésistible d'aller voir le monde et de revenir le raconter aux autres. Du moins était-ce ainsi lorsque j'ai débuté, à l'orée des années quatre-vingt. Aujourd'hui, le journalisme s'est beaucoup simplifié, et le journaliste considérablement enrichi : son métier consiste en effet à obtenir des attachés de presse de recevoir gratuitement ou de jouir sans bourse délier du plus grand nombre possible de produits et de services.

Je dois l'exercice quotidien de la variante « billet d'humeur » du journalisme à l'un des plus toniques agités du bocal de cette profession, l'immortel inventeur de l'expression « dans le huis clos de vos salles de bains », le seul confrère que je connaisse à penser que Marseille est essentiellement un port de mer, j'ai nommé Ivan Levaï. Je ne peux faire moins que de le remercier ici de tous les réveils avant l'aube que je lui dois et des ravages qu'ils ont opérés dans ma vie sentimentale et mon équilibre neurovégétatif.

Enfin, le moment le plus doux, lorsque l'on publie un ouvrage, arrive avec l'heure de le dédier. Je dédie ce livre à Hélène, Marie et Perrine Desproges, celles pour qui l'injustice de devoir vivre sans Pierre est la plus sensible. Peuvent se joindre à moi dans cette dédicace tous ceux qui trouvent pesant de devoir supporter sans lui un monde où Patrick Poivre d'Arvor peut passer pour un journaliste littéraire, Rika Zaraï pour une phytothérapeute, Bernard Tapie pour un homme d'État, Ève Ruggieri pour une mélomane, et mon éditeur pour un philanthrope.

Je vous souhaite le bonjour !

Heureux habitants de l'Aveyron et des autres départements français, nous voilà rentrés. A lire les journaux quotidiens ou hebdomadaires parisiens ou régionaux, quel est, à votre avis, le sujet d'inquiétude majeur en ce début de septembre ? La libération de Xavier Lemire, qui a gravement agressé le gouvernement afghan en allant, en cachette, apprendre à des moudjahidin comment fabriquer une jambe de bois ? Vous êtes froids. Le fait que les salaires augmentent quatre fois moins vite que les revenus du capital ? Vous n'êtes même pas tièdes. Les prochaines grèves d'infirmières ou de puéricultrices ? Rien d'aussi sombre. Pas même la sécheresse, les incendies, le déficit record du commerce extérieur, la réforme des Postes ou la destruction (accidentelle) des mosquées en Isère.

Nos préoccupations sont plus légères. Concerneraient-elles la politique ? Sommes-nous inquiets de la disparition de M. Chirac ? Nullement. Tout au plus aimerait-on savoir s'il a vraiment réussi à s'arrêter de fumer. Sommes-nous tarabustés par la préparation du prochain congrès socialiste ? Nous demandons-nous si M. Rocard est toujours bien à gauche de M. Fabius, qui se situe à droite de M. Poperen, qui se trouve ailleurs que M. Chevènement, lequel M. Chevènement parvient lui-même à être à la fois, lorsqu'il voit un gendarme en colère, à côté de ses pompes, dans ses petits souliers et les deux pieds dans le même sabot, bien qu'il en ait chaussé de gros ? Même l'énigme de ce contorsionnisme pédestre ne parvient pas à enflammer la curiosité des foules...

Alors quoi ? La prochaine et inexcusable disparition du certificat d'études ? Vous tiédissez. L'annonce, par Bernard Pivot, de son futur et regrettable hara-kiri ? Votre température monte de quelques degrés, et ces deux événements faisaient hier la une du *Journal du dimanche.* Mais ils ne sont la cause que de préoccupations secondaires.

Le tourment, l'inquiétude, l'embarras, l'alarme, le tracas, le souci principal de cette fin d'été ensoleillée – mais fraîche au nord de la Loire –, c'est la réforme de l'orthographe. Faut-il écrire consonne avec un seul *n* et Camille Claudel, *Claudelle*, comme le faisait *Libération* vendredi dernier ?

Les Français, disait Beaumarchais, qui en était fichtrement un, « les Français font de petites chansons sur les grandes affaires et de grandes dissertations sur les petites ».

Je vous souhaite le bonjour !

4 septembre 1989

Heureux habitants des Deux-Sèvres et des autres départements français, voici donc que vos enfants retournent aujourd'hui à l'école. Je me demande s'il ne serait pas prudent de votre part de leur faire un mot pour qu'ils soient dispensés de sport. Certes, comme vous, j'ai appris à dire en latin qu'il faut avoir un esprit sain dans un corps sain, *mens sana in corpore sano*. J'ai même longtemps cru que le sport était une occasion de s'étonner soi-même tout en apprenant à vivre avec les autres. J'ai une grande tendresse pour les règles qui font du rugby un sport de voyous pratiqué par des gentlemen ou qui, comme celles du cricket, poussent la complication tellement loin que finalement, pour réussir dans ce sport, il faut être un cerveau.

Le doute me gagne, lorsque je vois Maradona se pavaner avec la Mafia et multiplier les caprices des plus sordides. Le doute me ronge quand je lis les comptes rendus du match de tennis qui a opposé, à New York, Yannick Noah à l'Israélien Amos Mansdorf. Apparemment, c'est Noah qui a ouvert le bal. Comme l'arbitre ne voulait pas admettre qu'une balle de Mansdorf était hors les lignes, Noah l'a traité (je cite) de « sac de merde ».

Mansdorf, qui ne voulait pas être en reste, fâché que la famille de Noah soutienne trop bruyamment son petit, a invité ladite famille à aller se faire... disons empapaouter. Sur quoi Noah a prétendu que Mansdorf (je recite) « essayait de lui balancer des balles dans les couilles » (fin de citation) et, après avoir remporté le match, il a refusé de lui serrer la main.

Soyons juste : les deux joueurs ont été sanctionnés pour leur comportement antisportif : ils devront payer chacun une amende de 500 dollars.

Tiens, puisque c'est le jour de la rentrée, je vais vous faire faire un peu de calcul mental : Sachant que le vainqueur du tournoi empochera 300 000 dollars et que l'amende sus-évoquée est de 500 dollars, combien de fois le vainqueur aura-t-il pu traiter l'arbitre de sac de m... ou envoyer la famille de son adversaire se faire f... ? Eh oui, 600 fois. A ce prix-là, il ne s'en est pas fallu de beaucoup que Noah traite Mansdorf de « sale juif » et que Mansdorf lui réponde « sale nègre ».

Je vous souhaite le bonjour !

5 septembre

Heureux habitants du Bas-Rhin et des autres départements français, chacune de nos contrées possède ses charmes et ses avantages.

Les unes jouissent d'un climat adouci par la proximité de la mer; les autres abritent des forêts touffues. Ici l'herbe des pâturages verdoie, là les terrils poudroient. Plus loin le chômage s'accroît. Ailleurs, passé le 15 septembre, il n'y a plus d'habitants de moins de soixante ans.

A Paris, les indigènes ont un étrange privilège, celui d'une saison supplémentaire, d'une cinquième saison. Très courte. A peine une semaine. Et encore, elle va en s'estompant. Le lundi, elle est à son apogée, puis elle décline jusqu'au dimanche soir, où elle meurt.

On ne la reconnaît ni au climat, ni à la lumière, ni à la longueur du jour, mais à quelques dizaines de petits signes insolites.

Par exemple, si vous êtes piéton et que vous n'ayez pas fini de traverser lorsque le feu passe au vert, les automobilistes n'enfoncent pas leur accélérateur juste quand vous passez devant eux.

Si vous arrivez en courant à la station d'autobus au moment où celui-ci va démarrer, le chauffeur arrête et vous attend.

Si vous marchez au bord d'un trottoir et qu'il a plu, les voitures évitent de ruiner vos chaussures en roulant à toute vitesse dans le caniveau.

Plus étonnant encore, si, vers 5 heures de l'après-midi, vous voulez vous rendre en taxi de la place Gambetta à la place des Ternes, le chauffeur ne vous répond pas : « Oh non ! Il est mal, lui. J'vais pas là à c't'heure-là. Il a qu'à prendre le métro. »

Et, si vous le lui demandez avec des précautions, il pourra même éteindre ou du moins baisser le son de la radio lepénisto-luismarianesque sur laquelle il est indéfectiblement branché.

Si vous vous approchez d'un Parisien, dans la rue, pour lui demander un renseignement, il vous montrera les dents, comme d'habitude, mais, cette fois, dans un sourire.

Cette cinquième saison vient toujours juste après les grandes vacances. Profitez-en. Bientôt, les effets des migrations s'estomperont, et la vie reprendra ses droits. Les « T'avance, eh, patate » retentiront de la plaine Monceau au faubourg Saint-Antoine. Ils se télescoperont avec les « Vous voyez pas que j'travaille », les « Ça m'étonne pas, c'est une bonne femme » et les « J'suis pas un bureau de renseignements ». Les Parisiens seront alors retournés à la civilisation, mot qui vient du latin *civitas*, qui signifie « la ville ».

Je vous souhaite le bonjour !

6 septembre

Heureux habitants du Pas-de-Calais et des autres départements français, j'ai l'impression que, dans l'ensemble, vous ne portez pas à vos préfets un intérêt soutenu.

Il est vrai que l'on sait mal à quoi sert ce personnage qui fut si considérable jadis. On le voit revêtir, pour se faire photographier, un uniforme sans panache qui le fait ressembler à la fois à un amiral sans navire et à un portier sans hôtel. Il va chercher les ministres à l'avion. De toute façon, il ne reste pas longtemps au même poste...

Certains d'entre eux, pourtant, pensent qu'ils peuvent être utiles à leurs contemporains. Tel paraît être le cas du préfet du Gers, M. Michel Bérard, qui a décidé de lutter activement contre les accidents de la route.

Qui dit accidents de la route dit alcool. La fièvre du samedi soir se soigne à coups de vodka ou de pastis, avec une petite bière pour faire descendre le tout. A l'aube, cela produit son comptant de morts, de paraplégiques et de polytraumatisés.

Le préfet du Gers a eu une idée pour lutter contre l'excès d'absorption d'alcool. Il a passé un marché avec les établissements qui portent le nom sinistre de boîtes : « Si vous voulez rester ouverts jusqu'à 5 heures du matin, installez à vos frais dans vos murs des éthylomètres, c'est-à-dire des machines à mesurer le degré d'alcoolémie. »

Avant de prendre la route, chaque client pourra

souffler dans une paille et savoir s'il peut rentrer au volant de sa voiture ou s'il vaut mieux qu'il couche à l'intérieur.

Une journaliste du *Figaro* est allée se renseigner sur l'efficacité de ces beaux instruments. Eh bien, figurez-vous qu'ils servent à organiser des concours du plus grand ivrogne !

Une vodka au bar, une solide expiration dans l'éthylomètre : « 2,1 grammes d'alcool dans le sang. C'est moins que Gérard. Y a quelque chose qui cloche là-dedans, j'y retourne immédiatement. »

J'espère au moins que le primate qui gagne ce concours d'assassins, bien qu'il ait sûrement la gueule bien bitumée et les amygdales qui baignent, trouve encore assez de présence d'esprit pour penser à offrir une tournée générale.

Je vous souhaite le bonjour !

7 septembre

Heureux habitants de l'Indre-et-Loire et des autres départements français, vous vous souvenez que vos gendarmes se sont fâchés le mois dernier. M. Chevènement a déclaré que c'était notre faute à nous, journalistes, et que nous n'avions pas à publier des lettres anonymes. Là-dessus, comme un officier est venu dire la même chose que les gendarmes à visage découvert et à la télévision, M. Chevènement l'a mis aux arrêts de rigueur.

La logique chevénementielle, me suis-je demandé, serait-elle à la logique ce que la musique militaire est à la musique ?

Et voilà qu'hier j'ouvre le journal, et qu'apprends-je ? Qu'il y a un an le directeur général de la gendarmerie, entendu par la commission de la Défense de l'Assemblée nationale, avait mis en garde les députés sur l'état du moral des gendarmes. Puisque les avertissements de ce directeur de la gendarmerie, M. Régis Mourier, se sont avérés parfaitement fondés un an plus tard, conformément à la logique décrite plus haut, M. Mourier a été limogé.

Pour tout dire, en fouillant dans ma bibliothèque, j'ai même retrouvé l'histoire du gendarme Bignon. Le gendarme Bignon, fils de gendarme et neveu de gendarme, se présenta aux élections législatives du 12 mars 1978 dans la circonscription de Lisieux-Falaise.

Évidemment, le gendarme Bignon ne pensait pas être élu. C'est pourquoi il fit davantage campagne dans les colonnes du journal des gendarmes que dans les pâturages du Calvados.

Dans ce journal, le gendarme Bignon développait exactement les mêmes revendications que les lettres anonymes d'aujourd'hui. Et d'ailleurs, plus de cinq cents pandores lui envoyèrent leur soutien écrit.

Voilà donc au moins dix ans que les gendarmes sont fâchés. Bien qu'on voie plus souvent un journaliste entre deux gendarmes qu'un gendarme entre deux journalistes, je veux bien croire que ce soit notre faute. Mais, à ce compte-là, le ministre de l'Espace va pouvoir affirmer que si le satellite Hipparcos n'a pas démarré, c'est à cause de la presse, et le ministre de l'Agriculture aurait tort de se priver de déclarer que les journalistes sont responsables de la sécheresse.

Je vous souhaite le bonjour !

8 septembre

Heureux habitants de l'Ardèche et des autres départements français, vous n'êtes pas sans savoir que le Premier ministre, M. Michel Hercule Rocard, a décidé d'améliorer la condition des militaires. Bien que je sois plutôt civil, lorsque j'ai appris cette décision, je m'en suis vivement réjoui tout en parcourant le labyrinthe des couloirs de la Maison de la radio à la recherche du bureau où l'on garde la clef du bureau dans lequel sont déposés les documents qui indiquent où est rangée la clef du bureau des clefs, le tout afin de pénétrer dans mon propre bureau dont j'ai su plus tard que la porte n'était pas fermée à clef.

Chemin faisant, je tombe sur un vieil exemplaire du journal *Le Monde*. J'adore les quotidiens défraîchis. Les nouvelles y paraissent moins graves, et on peut les regarder de haut. Mais justement, dans ce vieux *Monde*-là, traînait une information qui tombait pile dans l'actualité.

Au mois d'août dernier, le général américain commandant le corps d'élite des *marines* a pris la décision de recommander à ses hommes la pratique de la lecture. « Un *marine*, a déclaré le général, combat mieux quand il a l'esprit éveillé. » Cependant, comme ce général est le père de ses régiments, il a établi une sorte de barème de lecture selon les grades. Les soldats et les sous-officiers sont priés de lire entre 2 et 4 livres dans l'année. Les officiers doivent en lire au moins 3 et au plus 6.

Évidemment, lire *Batman* ou *La Grande Pulpeuse* compte pour du beurre. Les livres à lire sont regroupés en une liste de 192 ouvrages, en partie des romans guerriers, en partie des livres sur l'art de la guerre depuis les Thermopyles jusqu'au Viêt-nam.

Je trouve l'idée formidable, mais, comme la France est la mère des arts, des armes et des lois, je suggère au Premier ministre d'adopter cette disposition en l'améliorant. Au lieu de conseiller, ou même de distribuer des livres dans les casernes, je propose qu'après le couvre-feu il y ait, comme dans le film de Michel Deville, des lectrices qui viennent faire aux soldats la lecture des ouvrages au programme. Évidemment, il n'est pas interdit de penser que ces lectrices pourraient être pulpeuses. N'oublions pas que, comme l'écrivait Aldous Huxley : « Il y a trois sortes d'intelligence : l'intelligence animale, l'intelligence humaine et l'intelligence militaire. »

Je vous souhaite le bonjour !

11 septembre

Heureux habitants de la Haute-Saône et des autres départements français, hier après-midi, à Paris, l'église Saint-Merri était archipleine. On y disait une messe à la mémoire d'Hubert Beuve-Méry, le fondateur du journal *Le Monde*.

Hubert Beuve-Méry était un emmerdeur. Je sais, tous les hommes politiques et tous les « communicateurs » se sont disputé les adjectifs les plus louangeurs au lendemain de sa disparition. Mais, de son vivant, Hubert Beuve-Méry était essentiellement considéré par eux comme un emmerdeur. Et si l'on publiait un recueil des commentaires écrits sur sa personnalité et sur son action tout au long de sa carrière, on verrait que, décidément, il a eu bien raison de mourir, même tard et même en plein mois d'août.

Je crois que si Hubert Beuve-Méry était un emmerdeur, c'est essentiellement parce qu'il savait dire non. Avant la guerre, il a collaboré au journal *Le Temps*. Puis il lui a résisté, quand la direction du journal a soutenu l'abandon de la Tchécoslovaquie et accepté la trahison de la parole donnée, à Munich, en 1938.

Ensuite, après avoir fondé *Le Monde*, Hubert Beuve-Méry a souvent dit non, souvent résisté malgré la fragilité de son entreprise. Il a résisté à la recherche du sensationnel, qui, pourtant, assure de confortables ventes. Il a résisté à la fascination du succès et du pouvoir, qui, pourtant, permet à ceux qui s'y abandonnent de se croire eux-mêmes arrivés et importants. Il a résisté à l'argent et à l'idée que l'argent est la mesure de toute chose. Il a résisté à l'idée qu'un journal est un produit. Il a pensé que la confiance des lecteurs ne s'obtient pas par des techniques de marketing. Il a dit non à la conception de la presse qui fait du journal un « support », comme disent les publicitaires, c'est-à-dire une sorte de panneau d'affichage où les articles remplissent les blancs entre deux publicités. Il a même, assez souvent, résisté à ses lecteurs, qui auraient bien aimé le voir soutenir un point de vue que les faits, ces foutus faits, lui semblaient rendre erroné.

Bref, si l'on veut résumer la carrière d'emmerdeur qui fut celle d'Hubert Beuve-Méry, on pourrait dire qu'il a préconisé exactement le contraire de ce que fait aujourd'hui la majorité du monde de la « communication » et de ce que réclament le monde des affaires et celui de la politique. Les représentants de ces mondes n'étaient pas, hier, à l'église Saint-Merri. Peut-être pensent-ils en avoir fini avec le vieux résistant. Ils ont tort. Hubert Beuve-Méry était le genre d'homme très capable de revenir en fantôme pour donner un peu de courage à ses cadets et leur prêter main-forte chaque fois qu'il leur faudra trouver la force de dire non.

Je vous souhaite le bonjour !

12 septembre

Heureux habitants du Maine-et-Loire et des autres départements français, vous vous souvenez sûrement du cinéaste Luchino Visconti, de *Rocco et ses frères,* des *Amants diaboliques,* des *Damnés.* Peut-être vous souvenez-vous aussi que cet ancien assistant de Jean Renoir passait pour être très à gauche et pas bien loin du marxisme. Il n'en était pas moins aristocrate et, sur les plateaux de ses tournages, plus d'un lui donnait du monsieur le comte – *signor conte* –, car les Italiens aiment jouer avec les titres.

Luchino Visconti appartenait à la branche cadette d'une famille qui régna sur le duché de Milan du xiiie au xve siècle. Les ducs Visconti possédaient près de la capitale lombarde une magnifique résidence d'été baptisée villa Belvedere, mais que nous aurions appelée en français le château du Belvédère, car les Français préfèrent les mots ronflants.

Cette villa ou ce château, comme vous voudrez, était à vendre jusqu'à ces derniers jours pour la modeste somme de 5 milliards de lires. Là, je sens que vous vous dites : « Ce pauvre Philippe Meyer doit se lever trop tôt, ses fusibles commencent à fondre, et voilà qu'il pense qu'on lui a confié une rubrique d'immobilier international. »

Tranquillisez-vous et prenez patience. Si je vous informe de la vente de la villa de l'illustre famille Visconti, c'est surtout pour vous donner le nom de l'acquéreur. Cet acquéreur, c'est un promoteur immobilier, également l'heureux propriétaire de trois réseaux de télévision en Italie et d'une demi-chaîne de télévision en France, M. Silvio Berlusconi. M. Silvio Berlusconi, à qui le *Corriere della Sera* prête l'intention d'installer sa chambre dans le salon immense où le vieux duc Marcello Visconti recevait au début des années trente son petit neveu Luchino Visconti, qui se prit un jour de passion pour un roman intitulé *Le Guépard,* qui raconte la fin d'un monde et la mise à l'écart des aristocrates terriens par les bourgeois des villes avec une frémissante nostalgie et une ironique résignation.

Je vous souhaite le bonjour !

13 septembre

Heureux habitants des Pyrénées-Orientales et des autres départements français, vous n'êtes pas sans savoir que l'Afrique du Sud a désormais un nouveau président – issu d'une ethnie blanche, faut-il le rappeler? – et que ce nouveau président semble plus ouvert aux réformes que son prédécesseur.

C'est ainsi que M. De Klerk – c'est son nom – a autorisé hier une manifestation antiapartheid dans les rues du Cap. Dans un esprit semblable, le responsable de la police sud-africaine a déclaré qu'il interdisait dorénavant à ses hommes d'utiliser des fouets contre les participants aux manifestations non autorisées.

L'abandon de cette charmante coutume est dû, selon la direction de la police sud-africaine, à « l'image négative du fouet dans l'opinion publique, surtout internationale ». Ces mêmes autorités estiment que la diffusion par de nombreuses télévisions dans le monde de reportages où l'on peut voir des policiers blancs fouetter des manifestants en général noirs provoque chez les téléspectateurs des réactions irrationnelles incontrôlables.

On ne peut exclure, en effet, que des esprits influençables, sans doute trop enclins à aller au cinéma, se laissent aller à des réactions de ce type.

Ce n'est pas sans un certain regret que l'abandon du fouet a été décidé par les autorités policières sud-africaines. Elles considèrent en effet que « son usage cause généralement des blessures moins graves que, par exemple, celui des matraques »... Je me demande si les cameramen qui ont filmé les policiers fouetteurs ont bien mesuré leurs responsabilités.

Enfin, rassurons-nous, le ministère de l'Intérieur sud-africain a précisé que les forces de l'ordre pourraient continuer à utiliser les matraques citées plus haut ainsi que « les gaz lacrymogènes, les canons à eau, les balles de caoutchouc et les munitions de tir réel ». Espérons que l'usage de ces gracieux instruments ne provoquera pas dans l'opinion publique de réactions irrationnelles incontrôlables.

Je vous souhaite le bonjour !

14 septembre

Heureux habitants du Val-d'Oise et des autres départements français, je crains que l'on ne vous ait laissés dans l'ignorance d'un passionnant débat scientifique international qui vient d'avoir lieu en Italie, dans la troublante ville de Gubbio. « Comment les dinosaures ont-ils disparu de la surface du globe après avoir régné sur notre planète pendant cent cinquante millions d'années ? » Telle est la question autour de laquelle se sont affrontées deux thèses et dont je tâcherai tout à l'heure de vous dire l'actualité.

La première, celle de l'université canadienne de Dartmouth, veut qu'une gigantesque éruption volcanique se soit produite il y a soixante-cinq millions d'années. La lave recouvrit plusieurs centaines de milliers de kilomètres carrés, l'anhydride carbonique augmenta vertigineusement, et la couche d'ozone se déchira si fort que la vie végétale et dinosaurienne devint d'abord précaire, puis impossible.

L'équipe scientifique adverse, celle de l'université américaine de Berkeley, est dirigée par le fils d'un prix Nobel, ce qui ne prouve rien mais peut impressionner les esprits faibles que nous sommes.

Pour cette seconde équipe, tout tient à la chute d'un astéroïde. Un astéroïde d'environ 10 kilomètres de diamètre et d'un poids d'à peu près 1 500 milliards de tonnes qui heurta notre Terre alors qu'il se baladait dans l'espace à la vitesse de 90 000 kilomètres à l'heure.

Sachant les dégâts qu'occasionne le simple choc de

deux 2 CV à 80 kilomètres à l'heure, les savants de Berkeley en concluent que la collision de l'astéroïde et de notre brave planète projeta dans les cieux 3 000 milliards de tonnes de détritus qui formèrent un écran opaque et durable, privant les plantes de lumière et donc de photosynthèse, et faisant chuter vertigineusement la température.

Frigorifiés et sans rien à se mettre sous la dent, les dinosaures moururent.

Faute de preuves décisives, chacun peut choisir entre ces deux thèses celle qui lui paraît la plus poétique. Personnellement, j'en retiens surtout que des reptiles mesurant jusqu'à 30 mètres et apparemment invulnérables ont un jour disparu de la surface du globe. C'est pourquoi je voudrais dédier cette chronique à Mme Dominique Alduy et à M. Jean-Michel Gaillard, qui prennent respectivement la tête de FR 3 et d'Antenne 2 et risquent donc d'être parfois saisis par le doute et de se demander si, *vraiment*, les dinosaures ne sont plus de ce monde...

Je vous souhaite le bonjour !

15 septembre

Heureux habitants du Territoire de Belfort et des autres départements français, peut-être vous rangez-vous parmi ceux qui, le week-end, s'adonnent discrètement à la lecture de certaines petites annonces dites « de rencontre », publiées par d'honorables organes de presse.

Comme je vous comprends ! « Chouette aux yeux verts, 40 ans, volerait vers grand oiseau, ailes protectrices »... pouvait-on lire dans *Le Nouvel Observateur,* page 182. Ces quelques lignes durement tarifées ne recèlent pas seulement l'aspiration d'un être qui croit que la vie peut valoir mieux qu'elle n'en a l'air ; elles peuvent aussi offrir à ceux de leurs lecteurs qui ont déjà fait une fin, comme aux cœurs à prendre, le plaisir mélancolique d'imaginer qu'il existe quelque part quelqu'un qui leur aurait convenu plus que quiconque.

Cela ressemble au poème d'Antoine Pol que Brassens mit jadis en musique : « Je veux dédier ce poème à toutes les femmes qu'on aime pendant quelques instants secrets »... Vous vous souvenez, à la télévision, cela tirait des larmes à Lino Ventura.

Les pages de petites annonces de rencontre sont comme des grandes surfaces de rêve : tous les goûts, qui sont dans la nature, s'y retrouvent exposés. « Erika, F. aux seins pleins, hypersexy et s. tabous, en fait trans. non enc. opéré ch. H. viril pr rel. à définir. »

En 1989, le discours du tendre s'écrit en style télégraphique. « JF 31, 1,72 m cél. cad. sup. mince ch. H.

int. hum. pour avenir commun. » Pourquoi avenir commun et pas av. com.? Mystère et boule de g.

J'ai même lu naguère dans *Libération* l'annonce
d'un homme jeune qui ch. un jeune homme américain
grand, non fum. et pourvu d'organes de la génération
surdimensionnés en vue, affirmait-il, de perfectionner
son anglais.

Mais la plus belle des petites annonces, celle qui a
exalté mon imagination et m'a fait entrevoir une sorte
de paradis terrestre décoré d'enluminures naïves, je l'ai
lue cette semaine dans la *Tribune de Genève*. Elle se
dissimulait sous la rubrique « Perdu-trouvé ». La voilà
en entier, et que je sois changé en membre du Conseil
supérieur de l'audiovisuel si j'en modifie un seul mot :
« Perdu devant la caissette de la *Tribune* 5 billets de
100 F. Si vous les avez trouvés, téléphonez-moi... »

Je vous souhaite le bonjour !

18 septembre

Heureux habitants de la Creuse et des autres départements français, vous n'êtes pas sans ignorer que le Premier ministre turc, M. Turgut Ozal, vient de rentrer d'un voyage officiel en Espagne.

Heureux nigaud matutinal de France-Inter, me répondrez-vous, tu ne devrais pas être sans savoir que non seulement nous ne sommes pas sans ignorer les déplacements du Premier ministre des Turcs, mais que, par surcroît, ils nous sont rigoureusement équipolaires.

Mais si je vous disais qu'il s'agissait là de la première visite officielle d'un chef de gouvernement des Turcs au royaume d'Espagne ? Cela, me répondrez-vous unanimement avec le rude langage des auditeurs dérangés pour rien dans leurs ablutions matinales, cela ne nous toucherait point l'une et ne nous remonterait pas davantage l'autre.

C'est dommage. Car figurez-vous que les Espagnols sont en compétition avec maints autres pays pour vendre aux Turcs une cinquantaine d'avions dont ceux-ci ont besoin, prétendent-ils. Et alors ? Et alors les Espagnols ont voulu profiter de la visite officielle du Premier ministre des Turcs pour lui faire visiter l'usine où se fabriquent leurs avions. « Pas question, a répondu M. Turgut Ozal, j'aurais l'air de favoriser un candidat, et plutôt être changé en Arménien que de me départir de ma légendaire impartialité. Ou alors, il faudra être très gentil avec moi. »

« *Cacaracamouchen* », ce qui, comme chacun sait

depuis Molière, veut dire en turc ma chère âme,
« *Cacaracamouchen*, a déclaré le négociateur espagnol
une main sur son portefeuille et l'autre cherchant dans
l'annuaire le numéro de Madame Claude, nous ne
demandons pas mieux que d'être très gentils avec vous.
Qu'est-ce qui vous ferait plaisir ? »

Alors, le Premier ministre des Turcs a rougi si fort,
s'est si maladroitement balancé d'un pied sur l'autre
que le négociateur espagnol a pensé au pire.

Mais, finalement, M. Turgut Ozal a ouvert la bouche
et, d'une voix guère plus forte que celle d'une midinette
admise dans la loge de feu Mike Brant, il a lâché après
avoir repris son souffle : « Je veux déjeuner avec le roi
Juan Carlos. » Et, le lendemain à midi, le Premier
ministre des Turcs déjeunait au palais de la Zarzuela
avant d'aller visiter l'usine d'avions.

D'un bourgeois qui se voulait gentilhomme, Molière
avait fait un grand turc. D'un grand parmi les Turcs, la
vie vient de faire un joli M. Jourdain.

Je vous souhaite le bonjour !

19 septembre

Heureux habitants de l'Eure-et-Loir et des autres départements français, je voudrais souligner ce matin, avec votre permission, une information que certains journaux ont publiée, mais en petits caractères.

Vous savez quelle place a prise l'École nationale d'administration, l'ENA, dans la vie de notre pays. Quelle que soit la couleur du gouvernement, il y a toujours davantage de ministres qui en sortent. Et l'on trouve des énarques à un nombre considérable de postes de commandement hors de la fonction publique. Ne serait-ce que dans l'audiovisuel public ou privé, où plus de la moitié des dirigeants de chaînes sont issus de l'ENA.

A commencer par M. le président de Radio-France, dont je salue la direction éclairée, humaine, résolue et insensible aux basses flatteries de certains de mes confrères dont je ne donnerai pas le nom à l'antenne mais dont vous pourrez vous procurer la liste en m'envoyant une enveloppe timbrée à votre adresse ainsi qu'un Montesquieu pour mes frais...

Mais revenons à notre mouton. Il y a une dizaine d'années, la moyenne des candidatures à l'ENA tournait autour de 3 000. Cette année, combien croyez-vous qu'il se soit présenté de jeunes gens alors que l'on ne parle que de l'angoisse du premier emploi chez les jeunes et que 14 % des jeunes diplômés de l'Université sont chômeurs? 4 000? 5 000? Vous divaguez. Le concours d'entrée à l'ENA cuvée 1989 n'a pas vu arri-

ver plus de 800 candidats. Quatre fois moins qu'il y a
dix ans, alors que la réussite à ce concours peut appor-
ter non seulement la sécurité de l'emploi et un bureau
fourni par le Mobilier national, mais encore une jolie
casquette ou une voiture noire qui peut griller les feux
rouges.

Tout comme les manifestants de Mai 68 passèrent
devant l'Assemblée nationale sans même lui jeter un
regard, les étudiants de 1989 passent devant la fonction
publique, haute ou pas haute, sans songer à s'arrêter.
Et, quand ils y entrent, c'est pour y trouver une formation qui leur permette d'en sortir le plus vite possible. Il
faut dire qu'aucun gouvernement ni d'ailleurs aucun
syndicat ou aucun parti ne s'épuise à essayer de
redéfinir ce que pourrait être le service public de cette
fin de siècle.

Tant et si bien que, si la désaffection pour l'ENA
continue, nos arrière-neveux pourront être ambassa-
deurs ou préfets avec seulement le certificat d'études.
Oui, je sais, on vient de le supprimer. Mais qui l'a supprimé ? Lionel Jospin, un énarque qui a senti le danger
venir.

Je vous souhaite le bonjour !

20 septembre

Heureux habitants du Jura et des autres départements français, seriez-vous assez aimables pour jeter un coup d'œil dans votre salon ? Pouvez-vous me dire de quelle nationalité est le téléviseur qui trône dans ledit salon ? Japonais ? Je m'en doutais. Et si ce n'est pas le téléviseur, c'est le transistor, ou la chaîne stéréo, ou le baladeur, ou le magnétoscope, ou même, peut-être, la voiture.

Combien de foyers de notre bel Hexagone sont-ils encore préservés de l'invasion des produits nippons ? Et ce n'est pas le seul problème. Non seulement nous consommons nippon, mais les Nippons aussi. Entendez que les Japonais achètent une si forte majorité de produits japonais que les Occidentaux ont à peu près autant de chances de leur vendre une télévision ou un transistor ou même une voiture que M. Charles Pasqua d'être élu président d'une association d'émigrés maliens. Et ça n'est pas mieux pour les produits agricoles.

Pour endiguer le flot des marchandises japonaises, nous avions naguère imaginé de leur faire faire le détour par Poitiers. Est-il charitable de rappeler les résultats de cette tactique ? Non, il n'est pas charitable.

Je crois que les Américains viennent d'avoir une meilleure idée. Ils ont constaté que, en achetant japonais, les Japonais paient souvent nettement plus cher les biens d'équipement et surtout l'alimentation que s'ils s'approvisionnaient sur les marchés internationaux.

Le riz *made in Japan*, par exemple, coûte cinq fois le prix du riz *made in* n'importe où ailleurs.

Pour être nippon on n'en est pas moins homme, se sont dit les Américains, et qui dit homme dit portefeuille. Il faut entraîner les Japonais à comparer les prix. Et quel superhéros pourrait mettre ce nouveau réflexe dans les têtes nippones ? Quel homme est capable d'implanter au Japon cette nouveauté radicale que sont les associations de consommateurs ? Vous l'avez deviné, c'est l'ancienne bête noire des industriels américains, le bon vieil avocat Ralph Nader.

Ralph Nader a bouclé sa valise, destination Tokyo. Dans sa serviette, il y a un bien joli dossier sur les fermiers japonais, qui sont parmi les plus gros utilisateurs de pesticides au monde.

Eh oui, pour ouvrir les portes du marché japonais, l'idée la plus simple se révélera peut-être la meilleure : transformer le plus possible de jaunes en verts – en espérant qu'ils n'y verront que du bleu.

Je vous souhaite le bonjour !

21 septembre

Heureux habitants de la Charente-Maritime et des autres départements français, comme on ne peut pas passer sa vie à colorier des livres, je suis heureux de vous informer que j'en ai lu un.

Je l'ai choisi écrit assez gros et avec des images, en l'occurrence des photos de Doisneau, de Sieff, de Boubat, de Ronis. Le dessin de Topor, sur la couverture, m'a sans doute attiré le premier, mais peut-être le titre a-t-il joué un certain rôle : *L'Argot du bistrot*. Cent cinquante pages d'expressions presque toutes disparues et qui faisaient l'ordinaire des caboulots, des tapis-francs et des zincs devant lesquels se tenaient les plombiers de Prévert sur le coup de 10 heures.

S'ils aimaient le vin blanc, on disait d'eux qu'ils pelotaient la blonde. Mais s'ils avaient éventré la négresse, c'est qu'ils préféraient le rouge. En tout cas, il ne fallait pas compter sur eux pour boire du sirop de baromètre, connu aussi sous le nom de château-la-pompe.

Certains troquets étaient surnommés des sénats, parce que s'y rassemblaient des ouvriers de la même corporation. Un verre y entraînait l'autre, mais chacun portait son nom. Le deuxième s'appelait la repasse, le troisième la rincette et le quatrième la répétonnette. Passé le quatrième, on ne nommait plus...

Celui qui a réussi à s'abreuver à toutes les tournées sans jamais payer la sienne, celui-là a accompli le coup du monocle, c'est-à-dire du verre à l'œil.

Des soiffards, de ceux qui ne décollaient pas du
rade, on disait : « Il a été baptisé avec une queue de
morue » ou bien « On l'a vacciné au salpêtre ». Pour
essayer de se remettre, ils s'enfilaient un petit bossu, un
café servi dans un verre et largement arrosé d'alcool.

S'ils étaient trop mélangés, ils allaient au renard ou,
comme on disait aussi, ils rendaient leur compte. A
cette heure de la journée, je pense qu'il n'est pas indispensable que je vous fasse un dessin.

Ceux qui commençaient juste à y voir un peu en
dedans reprenaient la route du domicile plus ou moins
conjugal. Chemin faisant, leur cuite leur tenait compagnie : on appelait ça rentrer à deux. Il y avait de
grandes chances pour qu'ils aient oublié de laisser un
pourliche au loufiat, dont on disait alors : « Il a fait
figaro », expression d'où provient sans doute notre « Il
a fait tintin ».

Ce n'est pas un livre, c'est un voyage. Le guide
s'appelle Robert Giraud ; le livre, *L'Argot du bistrot* ; et
l'éditeur, Marval. Ne croyez pas que ce soit un ouvrage
uniquement nostalgique. On invente sûrement moins
d'expressions fleuries que du temps où les bistrots
étaient les salons du pauvre, avant que la télévision ne
désocialise l'alcoolisme, mais on en invente encore,
comme vous l'apprendrez page 129. Dans la région de
Nice, les banques ont parfois de drôles de visiteurs,
c'est la raison pour laquelle, si vous demandez un Spag-
giari, on vous servira un Casanis.

Je vous souhaite le bonjour !

22 septembre

Heureux habitants de la Nièvre et des autres départements français, puis-je vous confier que j'ai passé le week-end à Nîmes, dans le Gard ?

Je dois à la vérité de dire que les Nîmois constituent une population sympathique et vivante, mais, je le crains, assez peu perméable aux bienfaits de la civilisation. Par exemple, vendredi soir, à 20 h 35, sur TF 1, il y avait Patrick Sabatier. Eh bien, malgré cela, tout Nîmes, à cette heure, était dans les rues. Et je n'ai décelé sur aucun visage la marque du moindre remords, ni même le signe du plus fugace regret.

Il paraît que c'était la *feria* des Vendanges. A un moment donné, une foule importante se dirigea vers les arènes. Je la suivis. Cent taureaux avaient été regroupés sur le sable, et des gardians à cheval s'apprêtaient à les trier et à les faire sortir.

Ça a l'air simple, mais c'est très malcommode : il faut repérer son taureau, le forcer à quitter le troupeau et le serrer à cheval jusqu'à la sortie de l'arène. Parfois, le taureau effectue une superbe volte au dernier moment, le cavalier en est pour ses frais, et le public applaudit l'animal.

En voyant ces bêtes à cornes et les Nîmois tout excités, j'ai cherché des yeux le podium depuis lequel Guy Lux, Simone Garnier et Léon Zitrone allaient animer la fête. En vain, ce n'était pas « Intervilles », et les pauvres Nîmois en étaient réduits à animer leur fête eux-mêmes.

Après la sortie du dernier taureau entra dans l'arène un défilé qui venait de parcourir la ville. Ils appellent ça la pégoulade. Imaginez un mélange de groupes traditionnels camarguais dans leurs costumes de toujours et des personnages oniriques inventés pour les besoins de la *feria*. Des flamants roses barbus sur des échasses, des femmes-fleurs, des enfants-toupies, des matadors de cinq ans, des palmiers qui grimpent au ciel. Cette pégoulade a bien duré une heure trente. Eh bien, croyez-le ou non, il n'y a pas eu le moindre intervalle publicitaire, pas le moindre participant déguisé en tube dentifrice, pas le plus petit paquet de lessive dans lequel se cachent des enfants déguisés en enzymes. Et – ce qui donne encore mieux la mesure de l'arriération des indigènes et de leur maire –, sur les maillots et les costumes des deux ou trois centaines d'acteurs de cette pégoulade, pas une seule inscription publicitaire.

Faut-il ajouter qu'après la pégoulade on a dansé jusqu'à pas d'heure, et nullement des danses brésiliennes bidon sponsorisées par des boissons chimiques... Et le samedi soir, alors qu'il y avait Drucker sur Antenne 2, les Nîmois étaient encore dans les rues.

Enfin ! Ce matin, j'arrive dans cette ruche en perpétuel bourdonnement qu'est la rédaction de France-Inter, et qu'est-ce que j'apprends ? Le département du Gard vient d'envoyer trois sénateurs au Palais du Luxembourg. Espérons que ces représentants d'une population si attardée ne vont pas gêner le dynamisme et l'effort de rénovation du pétulant président Poher.

Je vous souhaite le bonjour !

25 septembre

Heureux habitants des Ardennes et des autres départements français, vous n'êtes pas sans savoir que l'Argentine s'est donné, il y a quelques mois, un nouveau président de la République. M. Carlos Menem, ce nouveau président, se réclame du péronisme, doctrine difficilement explicable dans laquelle se mélangent étroitement la pensée du regretté Mussolini, celle de l'oublié Pierre Poujade et celle de l'inimitable général Tapioca, le héros de *Tintin* dans l'album *L'Oreille cassée*.

Depuis 1983, l'Argentine est de nouveau une démocratie. Au cours des sept années précédentes, elle fut une dictature militaire meurtrière et souvent féroce, qui fut mise à genoux par ses propres échecs, et notamment par son échec militaire face à l'Angleterre. Les officiers généraux responsables de cette dictature ont été jugés et emprisonnés. L'armée argentine n'a eu de cesse que d'obtenir leur libération du précédent président de la République argentine, M. Alfonsín. Elle n'y est pas parvenue.

M. Carlos Menem, au cours de sa campagne électorale, avait repoussé toute idée de grâce pour les anciens chefs de la dictature militaire qui gouverna son pays entre 1976 et 1983. Aujourd'hui, il fait volte-face et s'apprête à gracier seize généraux et deux amiraux. La raison de ce revirement est simple. Le taux d'inflation en Argentine avoisine les 400 %; il ne sera pas réduit sans des mesures de rigueur très impopulaires qui ris-

quent de provoquer des émeutes et des pillages comme
ceux qu'a montrés la télévision au printemps dernier.

Pour maintenir l'ordre face à ces menaces, M. Menem
a besoin de l'armée, et l'armée refuse son aide si l'on ne
gracie pas les généraux emprisonnés. M. Menem cède.
Bien sûr, il est facile de lui donner des leçons depuis
son fauteuil, et nous tâcherons donc de nous en abste-
nir. Après tout, un désastre économique serait une
catastrophe pour la démocratie argentine, et peut-être
un risque de *pronunciamiento*. Après tout, aucun pays
ne peut vivre s'il est définitivement divisé contre lui-
même. Après tout, la politique est l'art du possible.
Après tout, l'exemple espagnol montre que les plus
profondes blessures cicatrisent.

Mais 13 000 Argentins sont morts des mains d'autres
Argentins, souvent après des tortures. Le pardon de ces
meurtres et de ces tortures, s'il est nécessaire, ne peut
pas seulement se décréter, et les lois d'amnistie ne peuvent réconcilier personne. Depuis que l'homme essaie
de se civiliser, il sait que les crimes les plus graves, s'ils
ne doivent pas être oubliés, peuvent et doivent être
pardonnés. La seule chose qui soit attendue de ceux qui
espèrent ce pardon, c'est qu'ils reconnaissent leurs
crimes et qu'ils en demandent miséricorde. Avant le
30 septembre, où il doit se prononcer, est-il encore possible que le président Menem obtienne, pour accorder
sa grâce, que les généraux argentins aient l'humanité et
l'humilité de la demander à ceux dont ils ont assassiné
les proches ?

Je vous souhaite le bonjour !

26 septembre

Heureux habitants de l'Ille-et-Vilaine et des autres départements français, vous n'êtes pas sans savoir que les deux principaux journaux soviétiques s'appellent la *Pravda* et les *Izvestia*. Et, comme vous ne l'ignorez pas, *pravda* signifie en russe « la vérité », et *izvestia* « les informations ». Les compatriotes de Mikhaïl Gorbatchev ont d'ailleurs la charmante coutume de dire qu'il n'y a pas de *pravda* dans les *Izvestia* et pas d'*izvestia* dans la *Pravda*.

Il faut rappeler que la *Pravda* n'est pas n'importe quel journal : c'est l'organe officiel du Parti communiste de l'Union des républiques socialistes soviétiques. Malgré cet incontestable et attrayante qualité, il semble que la *Pravda* ne jouisse plus d'une aussi grande faveur qu'autrefois auprès des lecteurs soviétiques. Nous sommes en effet dans la période de renouvellement des abonnements à cette valeureuse publication et, au jour d'aujourd'hui, les deux tiers des abonnés n'ont pas souscrit pour une nouvelle année.

A l'inverse de cette déplorable situation, l'hebdomadaire *Semia* – ce qui signifie en russe « famille » – vient d'enregistrer une augmentation de 50 % de ses abonnements. Parce qu'il soutient la *perestroïka* et la *glasnost* ? Nenni. Parce qu'il se situe dans la lignée populisto-poujadiste de Boris Eltsine ? Pas davantage. Si *Semia* se porte aussi bien, c'est qu'il publie en feuilleton un manuel d'éducation sexuelle. Et, pour ajouter un plus à ce plus, ce manuel d'éducation sexuelle est présenté aux lecteurs russes comme étant d'origine française, fabriqué au pays du Moulin-Rouge et des petites femmes friponnes.

Ne nous moquons pas. Combien de nos hebdomadaires français ont-ils récemment publié une couverture sur le sexe, le sexe et la politique, etc.? Au fond, nous saurons que les Russes se seront définitivement rapprochés de nous lorsque leurs hebdomadaires feront leur couverture avec « Le salaire des cadres ». Et le jour où ce sera sur « Le mal au dos-mal du siècle », nous pourrons être sûrs que le rideau de fer sera tombé.

Je vous souhaite le bonjour !

27 septembre

Heureux habitants de la Lozère et des autres départements français, il n'entrait pas dans mes intentions de revenir sur les propos navrants tenus sur Mme Simone Veil par ce vieil homme aigri qu'est Claude Autant-Lara. Mais voilà que plusieurs journaux publient une sorte de pétition signée par des femmes et des hommes dont la plupart sont connus, et la majorité respectables, je veux dire n'appartenant pas aux signeurs professionnels.

Cette pétition s'étonne, s'inquiète et même s'indigne que nul n'ait relevé (je cite) « l'origine sexiste, la diffamation sexiste et la provocation à la misogynie » contenues dans les déclarations autant-lareuses. Dans ces déclarations sont citées à charge les expressions suivantes : « Elle ne fait que du mal, cette bonne femme », « elle devrait s'occuper de sa cuisine », ainsi que le fait d'appeler l'ancienne présidente du Parlement européen « la mère Veil ».

Il est évident que ces propos sont empreints d'une épaisse muflerie. Mais, la gravité me paraissant être une notion relative, je trouve beaucoup plus lourd de conséquences de regretter que Mme Veil soit rentrée saine et sauve des camps de la mort que de l'appeler la mère Veil. Je veux dire que tout le monde aurait été soulagé si les nazis, au lieu d'expédier les femmes juives dans des camps de concentration, s'étaient limités à les obliger à s'occuper de leur cuisine. Par contre, qu'est-ce que l'humanité aurait gagné si, au lieu de dire : « La mère Untel est une sale juive, foutons-la dans un camp », les antisémites avaient dit : « Il s'avère que Mme Untel est israélite, confinons-la dans un centre spécialisé » ?

Il me semble que, si l'on veut que les générations conservent la mémoire de ce que fut l'horreur nazie, pour qu'elle ne revienne jamais, il est nécessaire d'admettre qu'il y a des différences entre le mal et le mal absolu.

Soutenir que traiter une femme de sale juive, sale Arabe, sale négresse, sale Arménienne, etc., est du même ordre que de l'appeler « cette bonne femme » ou « la mère machin », cela me paraît aussi justifié que de comparer les CRS aux SS.

Enfin, pour appeler un chat un chat, je voudrais être sûr que ce genre d'équivalence n'est pas, finalement, une injure au calvaire de ces morts.

Je m'attends à ce que cette chronique me vaille des objections et même des injures. Je signale à tous ceux ou toutes celles qui me traiteraient de pauvre mec que je considérerai cette insulte comme une provocation à l'androgynie, non, pardon, je veux dire à l'androphobie ou à la misandrie.

Je vous souhaite le bonjour !

28 septembre

Heureux habitants du Var et des autres départements français, je ne voudrais pas vous alarmer mais quand même... Qu'est-ce qu'ils ont tous à la télévision ? Depuis une dizaine de jours, ils ne nous montrent plus que des ouvriers. Je ne veux pas dire que, ces dernières années, ils n'en montraient pas, mais c'étaient des ouvriers modernes, habillés presque comme des cosmonautes et qui poussent sur des boutons pour commander à des robots. De ces ouvriers qui donnent envie d'investir dans l'industrie et qui réalisent des tâches si compliquées que l'on finit par penser qu'ils ont tous fait Polytechnique. Maintenant, à la télé, ils nous montrent des ouvriers pas tellement bien habillés et l'air pas fiers, un peu chiens battus même, avec des lunettes de soudeurs, et des fraiseuses qu'on se croirait au musée des Arts et Traditions populaires. En tout cas, ça donne une impression pénible. Ce doit être des prolétaires intégristes.

Pour tout arranger, ces ouvriers-là disent à qui veut l'entendre qu'ils gagnent 4 600, 4 800 francs par mois. Est-ce un exemple pour nos enfants de montrer des ouvriers qui gagnent si peu ? C'est ça qui va leur donner envie de se battre ? Avant, la télévision nous montrait M. Tapie. On lui avait même donné une émission à 20 h 30. Là, on voyait des battants, des jeunes gars avec des chemises rayées et des cravates cachemire qui racontaient comment ils écrasaient tout sur leur passage. M. Tapie les faisait applaudir par la foule, ça remontait le moral.

Il n'y a encore pas si longtemps, la télé nous montrait M. Vernes. C'était moins bien, parce que c'est un homme qui a raté son OPA sur le groupe Victoire, mais ça pouvait encore passer, dans la mesure où son ratage lui a quand même rapporté 3 milliards de francs.

Ces jours-ci, on nous présente M. Calvet et on nous informe qu'il gagne 185 312 francs par mois. C'est tellement moins que les patrons américains ou même allemands que nous sommes en droit d'attendre que les commentateurs du journal télévisé lui fassent honte. Eh bien, bernique ! Pas un n'y pense.

C'est fini « la France qui gagne » ou quoi ?

Ne me faites pas dire ce que je ne dis pas. On savait bien qu'il y avait des pauvres, puisque la télévision diffusait le clip pour les Restaurants du cœur où chantent Jean-Pierre Foucault, Desireless et Patrick Sabatier. Mais, justement, quand on nous parlait des pauvres, on nous faisait voir des vedettes, on ne nous mettait pas sous le nez, au journal télévisé, la misère du monde et des gens qui chipotent sur le prix du bœuf. A cette heure-là, on est à table...

Je vous souhaite le bonjour !

2 octobre

Heureux habitants de la Meurthe-et-Moselle et des autres départements français, vous pouvez dire ce que vous voulez de Jean-Paul II, sauf que c'est un pape comme les autres. D'abord, il est polonais; et non seulement le premier pape polonais de l'histoire de l'Église, mais encore le premier pape non italien depuis 1523. Il a été élu à la fleur de l'âge : à peine cinquante-huit ans. Quand il siégeait comme évêque de Cracovie au concile Vatican II, il s'est vigoureusement opposé à un document condamnant l'athéisme. Depuis qu'il a été élu pape, il a voyagé à lui tout seul plus que tous ses prédécesseurs depuis le regretté saint Pierre et en incluant Pie VII, à qui, pourtant, Napoléon avait fait voir du pays. Il est allé prier dans une synagogue. Il a nommé archevêque de Paris un prêtre d'origine juive. Il a crossé le cardinal primat de Pologne qui ne voulait pas, dans l'affaire du carmel d'Auschwitz, honorer la parole donnée au nom de l'Église... Un pape ordinaire se serait, me semble-t-il, contenté de ce que le respect de sa fonction m'empêche d'appeler un tel palmarès. Pas Jean-Paul II.

Par l'intermédiaire d'un jésuite allemand, le père Peter Gumpel, nous venons d'apprendre que Karol Wojtyła avait, en dix ans de pontificat, enrichi la liste officielle des saints de 247 noms. 24,7 saints nouveaux par an, si j'ose dire, soit 2,058 canonisations par mois.

Et encore, je ne compte pas les bienheureux. Les bienheureux – ô ignorants ensommeillés ! – sont aux saints ce que le maire d'une grande ville est au président de la République. Ce sont des gens de bien qui doivent être honorés par les églises locales, alors que les saints sont inscrits au programme de vénération de l'Église universelle. Le bienheureux a été inventé au xvᵉ siècle pour enrayer une terrible inflation de saints. Des bienheureux, Jean-Paul II en a désigné 315. 31,5 par an, 2,625 par mois.

Si l'on additionne les saints et les bienheureux, ce que nos instituteurs nous ont appris à ne pas faire, on obtient un total de 562 petits nouveaux. Le pape vient de décider de freiner les canonisations. Non pas que les employés vaticanesques de la congrégation pour la Cause des saints se plaignent des cadences infernales, mais parce que, à ce rythme-là, les enfants au catéchisme, en plus des Saintes Écritures, allaient devoir mettre dans leur cartable le *Livre Guiness des records*.

Je vous souhaite le bonjour !

3 octobre

Heureux habitants de la Haute-Marne et des autres départements français, l'Histoire, comme vous le savez, ne déteste pas les contrastes ni même les paradoxes. Ainsi, en cette année 1989 où le monde entier est invité à résonner de nos célébrations de la Révolution française, on n'a jamais autant fait les yeux doux aux rois et aux monarques.

Vous vous rappelez les funérailles nationales organisées par l'Autriche pour son ancienne impératrice Zita. Eh bien, comme vous l'avez peut-être lu dans les gazettes, son fils aîné, l'archiduc Otto de Habsbourg – celui-là même dont l'épouse a des chaussettes archisèches – pourrait être candidat, le mois prochain, à l'élection présidentielle hongroise. Tel est du moins le vœu du Parti indépendant paysan de Hongrie, parti qui représentait 57 % des voix aux élections législatives de 1945, les dernières qui furent tenues avant que le Parti communiste décide de faciliter le choix des électeurs hongrois en ne leur présentant qu'un seul candidat.

Pendant que le Habsbourg héritier de la couronne d'Autriche-Hongrie était pressenti par les anciens sujets de son père, l'infant d'Espagne voyageait en Amérique du Nord. Il représentait son géniteur, le roi Juan Carlos, dans diverses manifestations préparatoires au 500e anniversaire de la découverte des Amériques.

Du Québec au Texas, l'infant d'Espagne, don Felipe de Borbón y Borbón, prince des Asturies, etc., a fait un formidable tabac. Selon des observateurs avisés, même

E.T., s'il redescendait sur terre, ne recueillerait pas autant de marques d'affection.

Plus près de nous, en Yougoslavie, le Parti communiste du Monténégro vient d'organiser le retour des cendres de Nicolas Ier, le premier et dernier roi de cette pittoresque contrée longtemps dominée par le Turc. Des milliers de Monténégrins, dont beaucoup avaient revêtu leur costume national, ont conduit le royal cercueil venu d'Italie jusqu'au monastère de Cetinje, l'ancienne capitale royale. La précédente biographie officielle de Nicolas Ier, qui le présentait comme (je cite) « un ennemi de classe et un traître », a été remplacée par une nouvelle qui le décrit comme (je recite) « un homme d'État et un soldat remarquable doublé d'un homme de lettres ».

J'ai peur qu'en France nous restions longtemps privés des joies et des fastes monarchiques. Pas seulement à cause du bicentenaire, mais aussi, il faut bien l'avouer, parce que nous manquons d'un candidat sérieux au trône. D'abord, il s'appelle le comte de Paris, ce qui n'a pas l'air sérieux. Ça fait bateau-mouche et Folies-Bergère. Ensuite, chaque fois qu'on l'interroge, il rappelle qu'en 1981 et en 1988 il a voté Mitterrand. Avec un peu de chance, cela le conduira au Conseil économique et social, mais je doute qu'on organise pour l'occasion de somptueuses cérémonies. Sans compter que Georgette Lemaire est fichue de lui chanter *La Carmagnole*.

Je vous souhaite le bonjour !

4 octobre

Heureux habitants des Alpes-de-Haute-Provence, ci-devant Basses-Alpes, et des autres départements français, vous n'êtes pas sans savoir que, parmi les Sud-Africains de couleur blanche, on compte un assez grand nombre d'individus défavorables au mélange des races et très pointilleux sur les questions de morale.

Ces personnes disposent de plusieurs organes de presse, dont l'un, *Die Transvaler*, se montre particulièrement à cheval sur les principes du chacun chez soi et que les nègres soient bien gardés. Or, il est arrivé aux oreilles de la rédaction de *Die Transvaler* que le quartier dans lequel est située la maison natale du nouveau président sud-africain, M. De Klerk, était en train de devenir gris.

On appelle gris, en Afrique du Sud, un quartier réservé aux gens de couleur blanche dans lequel se sont progressivement insinués des êtres humains de couleur noire. Les cheveux des rédacteurs de *Die Transvaler* se sont dressés sur la tête de ceux d'entre eux qui ne sont pas chauves. Et si la maison natale du président De Klerk était aujourd'hui habitée par une famille de couleur non blanche ?

Épouvantée par la perspective de ce sacrilège, la direction de *Die Transvaler* a dépêché sur place un reporter et un photographe afin de communiquer à ses lecteurs les preuves de l'éventuelle catastrophe ou les instruments du soulagement.

Le reporter et le photographe arrivent sur place et

examinent la boîte aux lettres. L'actuel occupant de la
maison natale présidentielle s'appelle M. Gray. Ça ne
s'invente pas : ça veut dire gris, mais ça ne prouve rien.
Nos deux compères sonnent. La porte s'ouvre, et
M. Gray apparaît sous la véranda. A sa profonde stupé-
faction, il voit deux hommes inconnus de lui qui le
regardent avec une expression d'infini soulagement et il
entend, tandis que l'un le photographie, l'autre s'écrier :
« *Thanks God, you are white !* » Dieu soit loué, vous êtes
blanc !

M. Gray hausse les épaules et rentre dans la maison
natale du président sud-africain dont il ferme la porte.
Le reporter et le photographe retournent à la rédaction
de *Die Transvaler*, le gardien de l'ordre et de la morale.
Ils sont débarrassés d'un poids sur la poitrine. Demain,
ils publieront la photo de la maison sacrée avec, sous la
véranda, un homme bien mis et de couleur blanche,
M. Gray. Après-demain, ils apprendront qu'il s'agit de
M. Stephen Gray, l'un des écrivains sud-africains homosexuels les plus connus et qui a publié une anthologie
de la poésie noire de son pays.

Je vous souhaite le bonjour !

5 octobre

Heureux habitants de la Seine-Maritime – autrefois Inférieure – et des autres départements français, vous vous êtes rendu compte qu'en matière de télévision il n'y a, en Europe, que deux véritables pôles : la Grande-Bretagne et l'Italie. Eh bien, l'Italie lance sur la chaîne Rete Quattro une nouvelle émission, dont je ne serais pas surpris que nous connaissions bientôt une version française.

L'émission s'appelle « C'eravamo tanto amati », nous nous sommes tant aimés, comme le si joli film d'Ettore Scola. L'idée est simple : faire venir des couples en crise pendant une demi-heure, chaque jour, et les inviter à débattre en public de ce qui provoque leur mésentente. Chaque conjoint a le droit d'amener un témoin pour sa défense ou pour l'illustration de son propos.

N'importe quelle chaîne de télévision aurait fait appel, pour mener la discussion ou le pugilat conjugal, à un psychologue ou à quelque chose qui y aurait ressemblé, comme naguère Pascale Breugnot. Les Italiens de Rete Quattro n'animent pas n'importe quelle télévision. Ils ont engagé comme meneur de jeu... je vous le donne en mille, je vous le donne en cent... un metteur en scène. Un metteur en scène de théâtre qui peut sentir les bonnes répliques, apprécier les chutes de rythme, envoyer un personnage dans l'action, provoquer des prises de bec, encourager des coups de gueule...

Rassurez-vous. Au cas où les couples venus exhiber

leur crise auraient sur le plateau un sursaut de pudeur ou seraient saisis d'une irrépressible bouffée d'amour et de désir de réconciliation, le téléspectateur ne sera pas volé : l'émission est enregistrée et on a prévu un certain pourcentage de déchet.

Ah ! une dernière chose. Le responsable de « C'era-vamo tanto amati » a qualifié son émission (je cite) d'« exemple d'émission néoréaliste ». Peut-être faut-il rappeler à ceux d'entre vous qui n'ont encore qu'un pied en dehors de la couette que le néoréalisme italien fut une école cinématographique caractérisée par son souci de la vérité et dont l'exemple le plus connu reste sans doute *Le Voleur de bicyclette*. Eh bien, pour le voleur de bicyclette, il y a prescription.

Je vous souhaite le bonjour !

6 octobre

Heureux habitants des Hauts-de-Seine et des autres départements français, sans doute, comme moi, vous êtes-vous fait beaucoup de souci pour Yannick Noah. Déjà que nous n'avons pas beaucoup de champions, alors voir celui-là dégringoler sans interruption des premières places de sa discipline, ça fait mal à l'orgueil national.

Notre inquiétude était cependant tempérée par un lumineux rayon d'espoir : les médecins se réunissaient au chevet de Yannick et ils s'apprêtaient à nous le rendre comme en 1983, lorsqu'il ne lui avait fallu que trois sets pour terrasser Wilander à Roland-Garros.

La conscience professionnelle des Esculape s'est révélée à la hauteur de nos espoirs. Ils se sont pratiquement relayés vingt-quatre heures sur vingt-quatre pour examiner le champion. On a d'abord suspecté son tarse, son métatarse, sa cheville, son tendon d'Achille, son mollet, les muscles de ses cuisses, l'articulation de ses hanches.

Chaque fois, la médecine trouvait quelque chose qui clochait. On réparait le quelque chose, on renvoyait Noah sur le court, et, comme il revenait battu, on cherchait une nouvelle pièce défaillante.

A force de remonter depuis les pieds, on a fini par arriver à la tête, en passant par des zones dont j'ignorais qu'elles eussent à voir avec le tennis. Pour la tête, on ne manque pas d'experts, grâce à Dieu. Les premiers ont déclaré qu'au niveau du vécu de Yannick le succès l'avait interpellé trop fort et qu'il n'arrivait pas à l'assimiler. Bon. Le voilà parti à New York, où il y a tellement de nègres de 1,95 mètre qu'il redevient M. Tout-le-Monde. Mais M. Tout-le-Monde continue à descendre dans le classement ATP comme les enfants sur les toboggans du Jardin d'acclimatation.

Alors, d'autres crânes d'œuf proclament qu'en fait le problème, c'est le déchirement de Yannick entre deux cultures qui crée en lui un abîme de doute et d'incertitude. Bon, voilà Noah qui part au Cameroun se refaire une identité. Quand il revient, on se demande s'il ne vaudrait pas mieux qu'il jouât au croquet.

Et puis voilà qu'à Flushing Meadow quelqu'un a eu une idée de cent sous, et Yannick s'est retrouvé chez un ophtalmologiste. Verdict : les images des objets éloignés se forment en avant de sa rétine, et sa cornée a une courbure anormale. En d'autres termes, Yannick Noah est myope et astigmate. Il ne voit pas bien les balles au fond du court et il localise mal les lignes blanches. Alors il va porter des lunettes ou des lentilles, tout bêtement. Quand la médecine sportive deviendra discipline olympique, je me demande si les Français auront intérêt à s'inscrire.

Je vous souhaite le bonjour !

9 octobre

Heureux habitants du Lot-et-Garonne et des autres départements français, vous n'êtes pas sans admirer, à force de vous l'entendre dire, l'esprit d'entreprise des habitants des États-Unis. Aucune activité humaine n'échappe à leur dynamisme commercial, et la mort elle-même est, chez eux, un business comme les autres.

Vous vous souvenez de cette publicité d'une entreprise américaine de pompes funèbres imaginée par Evelyn Waugh qui proclamait : « Mourez, nous ferons le reste. » Eh bien, le reste, je suis en mesure de vous le dire, est fait avec un souci constant du confort des vivants. Par exemple : quels problèmes pose un enterrement à ceux qui doivent y assister, bon gré, mal gré ? J'en vois au moins trois : c'est long et souvent ça se passe sous la pluie ; en plus, on y rencontre des gens qu'on n'a pas toujours envie de voir, soit parce qu'on n'a rien à leur dire, soit parce qu'on est en coquetterie avec eux.

Tous ces problèmes, une entreprise de pompes funèbres californienne vient de les résoudre en inventant les funérailles *drive-in*. Vous voyez ce qu'est un cinéma *drive-in* : c'est un écran installé à l'extrémité d'un parking. Les spectateurs voient le film sans sortir de leur voiture.

En France, ça n'a jamais marché. Aux États-Unis, le succès initial de ces *drive-in* est venu des diverses activités auxquelles on peut se livrer dans son automobile pendant le film, et qui seraient malaisées ou réprouvées dans une salle de cinéma.

Les funérailles *drive-in* consistent en ceci : vous arrivez en voiture au siège de l'entreprise de pompes funèbres. Vous suivez les flèches qui vous conduisent à un petit tunnel construit sur le côté du bâtiment. Votre voiture entre dans le tunnel et vous la stoppez au milieu ; un peu, si vous voulez, comme si vous étiez venu la faire laver. Quand votre voiture est arrêtée, une lumière s'allume automatiquement et, sur votre gauche, vous pouvez apercevoir, dans une vitrine, le cercueil pour lequel vous êtes venu, cercueil ouvert, à l'américaine, avec, dedans, le défunt embaumé. Au bout de vingt secondes, la lumière s'éteint. Vous enclenchez la première et vous sortez du tunnel pour retourner tranquillement vaquer à vos occupations.

Quand j'ai découvert cette information, il se trouve que j'ai eu une réaction plutôt négative. Je me suis demandé pourquoi, et, finalement, j'ai trouvé. Pendant qu'on éclaire le cercueil quand on est sous le tunnel, est-ce qu'il ne pourrait pas y avoir aussi une machine qui lave la voiture en vingt secondes ?

Je vous souhaite le bonjour !

10 octobre

Heureux habitants de la Haute-Vienne et des autres départements français, il semble bien que vous soyez de moins en moins nombreux à lire la presse quotidienne. En 1986, 56,1 % des Français lisaient un journal tous les jours. En 1989, il n'en reste plus que 52,3 %.

On a coutume d'attribuer cette baisse d'audience de la presse écrite à la généralisation de la télévision. C'est une explication tentante, mais absolument fausse. Le Japon et l'Angleterre, c'est-à-dire les deux pays qui ont la presse écrite la plus florissante, sont aussi ceux dans lesquels il y a depuis le plus longtemps le plus grand nombre de chaînes, y compris commerciales. Alors, qu'est-ce qui défavorise la presse quotidienne française ?

Je vais vous mettre sur la voie, et vous allez trouver. Aux Pays-Bas, la consommation de quotidiens est le double de celle de la France. En Belgique, en Norvège, en Suède, elle est le triple. En Grande-Bretagne, la lecture des journaux est dix fois plus importante qu'en France. Réfléchissez un peu, dans le huis clos de vos salles de bains, comme dit Ivan Levaï : qu'ont en commun les Pays-Bas, la Belgique, la Norvège, la Suède et la Grande-Bretagne ? Non, ça n'est pas le climat. C'est le régime. Ce sont des pays à régime mo-nar-chique, c'est-à-dire des pays où les journaux peuvent raconter les histoires de cœur de la famille royale. Vous ne croyez pas que ce soit l'explication ?

Je vous pardonne parce que vous n'êtes pas trop

réveillés, mais je vous assène un argument définitif. Y a-t-il beaucoup de scandales dans la famille royale des Pays-Bas ? Non, ce sont des rois très comme il faut. Du coup, la presse néerlandaise ne vend que deux fois plus de journaux que les Français. Les Belges arrivent à trois fois : normal, leur roi a tenu tout le monde en haleine pendant des années avant de se marier, et après il y a eu le drame de la stérilité de la reine des Belges.

Mais, si les Anglais achètent dix fois plus de journaux que nous, ce n'est pas seulement que la famille royale est nombreuse, c'est qu'elle ne lésine pas sur les séparations, les amours contrariées, les mannequins pulpeux, les mésententes entre frères et sœurs, sans compter la mamie qui monte encore en hélicoptère.

Alors, que le directeur du *Monde* et celui du *Quotidien de Paris*, que le propriétaire de *Sud-Ouest* et celui de *L'Alsace* le répètent : « Pour la santé de la presse écrite, un seul mot d'ordre : Vive le roi ! »

Je vous souhaite le bonjour !

11 octobre

Heureux habitants de l'Orne et des autres départements français, j'imagine que la politique continue à vous passionner. A gauche, vous l'avez compris, la question qui se pose est celle de savoir si M. Rocard doit se défier davantage de M. Fabius ou de M. Delors, étant entendu que M. Poperen surveille M. Bérégovoy, qui s'entend assez bien avec M. Lang, qui n'est pas fâché avec M. Charasse, que n'apprécie pas M. Emmanuelli, qui passe pour être proche de M. Mauroy, qui n'est plus aussi bien qu'avant avec M. Delebarre, qui agace les gencives de M. Rocard, qui se demande s'il doit se méfier davantage de M. Fabius ou de M. Delors, et on recommence... Ajoutez à cela que tout le monde se méfie de M. Georges Sarre et que, si M. Fabius est soutenu par 71 maires, 76 députés, 15 sénateurs et 23 secrétaires fédéraux de son parti, M. Jospin compte, lui, sur 31 secrétaires fédéraux, 43 maires, 43 députés et 16 sénateurs. Voilà pour le débat d'idées à gauche. Ah non! J'oubliais. M. Nallet, ministre de l'Agriculture, sommé de prendre position entre MM. Rocard, Jospin et Fabius, a déclaré que le mieux, ce serait que M. Mitterrand se représente en 1995. Je ne me souviens pas s'il a suggéré que M. Mitterrand aille aussi se faire sacrer à Reims.

A droite, il me semble que l'on est beaucoup plus avancé, puisqu'on ne discute même plus de la nécessité de l'union, mais du nom de baptême de la future formation commune à l'UDF, au RPR, au PR et au CDS.

M. Giscard d'Estaing en tient pour le RUR, bien que cela rappelle un peu le RU 486, la pilule abortive du lendemain. M. Juppé est d'accord pour le RUR, mais (et je vous jure que je cite), si M. Giscard d'Estaing pense que RUR doit signifier Rassemblement de l'union pour le renouveau, M. Juppé (je n'invente rien) est plutôt pour que RUR signifie Renouveau de l'union pour le rassemblement.

Je crois savoir que M. Charles Millon verrait d'un bon œil que RUR signifiât Réunion unie des réunis et que M. François Bayrou a marqué une préférence pour Réunification unitaire des rénovés.

Personnellement, je me demande si je ne vais pas créer le PPT, Parti du pléonasme tautologique.

Je vous souhaite le bonjour !

12 octobre

Heureux habitants du XVIIe arrondissement de Paris et des départements français, sans doute êtes-vous émus, comme je le suis moi-même, par le sort réservé aux ours dans notre généreux et hexagonal pays.

Vous avez lu les chiffres dans la presse : il restait, en 1940, 170 ours dans les Pyrénées. Dix ans plus tard, il n'y en avait plus que 70. En 1984, il n'en demeurait que 20, et, aujourd'hui, on en compte à peine 13. Voilà des années, pourtant, que les amis des ours tirent le signal d'alarme. En vain. Il manquait à leur tête une figure connue. Pas de grande cause sans star, telle est la loi moderne de la charité bien ordonnée.

Désormais, une star, les plantigrades en ont une – vous l'avez appris à la télévision et même à la une du *Parisien* –, c'est Claude Nougaro. Les Noirs d'Afrique du Sud, c'est Renaud ; les Libanais, c'est Guy Béart ; les enfants battus, c'est Carole Bouquet (les malheureux) ; les Restaurants du cœur, c'est Eddy et Johnny ; les chiens et les bébés phoques, c'est Brigitte, la coupeuse d'ânes.

Nougaro est arrivé de justesse au grand magasin des bons sentiments. Au rayon des malheurs du monde, il ne restait plus que les ours, il les a pris.

J'espère pour lui qu'il ne le regrettera pas, mais j'en doute un peu. Je n'ai guère l'impression que les Français soient disposés à se mobiliser pour les 13 derniers ours des Pyrénées. Mais pourtant, me diriez-vous si vous n'aviez pas la bouche pleine d'une tartine de pain au son recouverte de beurre allégé, mais pourtant, regardez combien de millions de nos compatriotes sont allés voir le film de Jean-Jacques Annaud justement intitulé *L'Ours*.

Eh bien, ça n'a rien à voir. *L'Ours* de Jean-Jacques Annaud suivait un scénario. Il aimait sa maman, il cherchait un papa, il apprenait bien les leçons du dresseur, bref, il ressemblait beaucoup à un petit d'homme. Le vieil ours, lui, ressemblait à Jean Gabin ou à Lino Ventura : bourru mais bon cœur. Comme ces bêtes avaient presque l'air d'être des hommes, elles ont eu un vif succès. Mais, quelques mois plus tard, un jeune homme qui n'était pas bête ni manchot sortit un autre film à thème animal, intitulé *Le Peuple singe*. Le jeune homme venait de passer des mois dans les forêts les plus diverses à filmer toutes sortes de singes dans leur intimité intime. Son film fut un four. Au lieu d'y faire les hommes, les singes y faisaient les singes. Et nous, nous ne nous intéressons aux animaux que pour autant qu'ils sont dressés, domestiqués ou domestiques. Et quand ils le seront tous, alors, nous nous attaquerons aux hommes...

Je vous souhaite le bonjour !

13 octobre

Heureux habitants de la Somme et des autres départements français, ce n'est pas pour me vanter, mais vendredi dernier, après vous avoir quittés, j'ai pris le TGV Atlantique.

Vous le distinguerez aisément du TGV Paris-Lyon au fait qu'il part de la gare Montparnasse et qu'il y arrive. Pour que vous n'ayez aucun doute sur la gare dans laquelle vous vous trouvez, la SNCF a poussé l'obligeance jusqu'à peindre le TGV Atlantique en gris et bleu, alors que l'autre est orange et gris. C'est pas possible ? Si, c'est possible.

L'autre, celui qui descend vers le sud, je me suis toujours demandé comment nos Chemins de fer avaient pu réussir à associer une telle prouesse technique à une telle absurdité commerciale. A part un train Corail, en effet, que peut-on trouver de plus inconfortable qu'un TGV modèle gare de Lyon ? Si les sièges ne vous donnent pas une sciatique, c'est que vous en aviez déjà une en montant.

Dans le TGV gris et bleu, les sièges sont par-faits : reposants, moelleux, ergonomiques. La seule question qui se pose est celle de savoir où la SNCF a déniché l'architecte qui a dessiné les plans des wagons. Je vais essayer de vous les décrire.

Autrefois, les wagons étaient divisés en compartiments. Plus tard vint l'époque des sièges situés les uns derrière les autres, dont la moitié en sens inverse de la marche, pour une raison qui m'échappe.

Dans le TGV Atlantique, on a dessiné de petits compartiments sans porte, d'un tiers moins larges que les anciens, et le tiers de sièges manquant on l'a installé dans le couloir, en face du petit compartiment sans porte. Si vous êtes sur le siège du couloir, vous avez un peu l'impression d'être celui qui n'a pas trouvé de place. Si vous êtes sur un siège du faux compartiment, vous vous demandez pendant tout le voyage pourquoi ceux qui sont assis dans le couloir vous regardent d'un air mauvais. Ça se complique un peu du fait que les grosses valises ne tiennent pas dans les rangements installés au-dessus des places du faux compartiment. Il faut donc aller les ranger au-dessus de la tête de ceux qui sont assis dans le couloir. Du coup, au lieu de vous regarder de travers de droite à gauche, ils vous regardent de travers de bas en haut. Ça n'enlève rien au confort des sièges, mais comment jouir du confort d'un siège lorsque plusieurs paires d'yeux vous scrutent avec si peu d'aménité que vous avez le sentiment d'être Louis XVIII assis dans le fauteuil de Napoléon.

A force de concurrencer les avions, vous avez remarqué que les trains rapides se sont mis à multiplier les annonces par haut-parleur. L'une d'entre elles m'a semblé un peu maladroite : « Mesdames et messieurs, dit une voix bien timbrée quelques minutes après avoir quitté la gare Montparnasse, notre vitesse va atteindre 300 kilomètres à l'heure. » Là, tout le monde regarde son voisin avec fierté, tout empreint de la satisfaction de vivre une expérience encore peu commune. Puis la voix ajoute : « Je suis Untel, votre conducteur, je vous remercie de me faire confiance. » Et là, les expressions des visages changent. Le conducteur, on ne lui fait ni confiance ni pas confiance. A vrai dire, c'est une question qu'on ne se pose même pas. Et le fait qu'il nous la pose, justement, ça nous rappelle fâcheusement que, ces derniers temps, les Chemins de fer n'ont pas connu que des trajets sans histoire. Ça a gâché le voyage de ma voisine, qui prend le train parce qu'elle a peur de l'avion.

Enfin, pour vous dérouiller les méninges, un petit problème ferroviaire. Sachant qu'un couple parti de Bretagne a mis pour trouver un taxi, à son arrivée à la gare Montparnasse, le quart du temps nécessaire à son voyage en train, devinez à quelle gare il était monté dans la voiture numéro 3 du TGV.

Je vous souhaite le bonjour !

16 octobre

Heureux habitants de la Haute-Savoie et des autres départements français, le 10 novembre prochain, les Japonais célébreront, comme tous les ans, la journée des Toilettes publiques. Je vous prie de croire que cette information est aussi sérieuse qu'authentique. Il s'agit pour les Nippons, et notamment ceux qui sont membres de la Japan Toilet Association, de mettre le point d'orgue annuel à une campagne incessante d'amélioration du confort et de l'hygiène des chalets de nécessité japonais. Un de mes confrères de *Libération* a ainsi observé, l'an passé, que les susdits édicules se trouvaient partout décorés, fleuris et même couverts de banderoles exprimant la reconnaissance des vessies et des colons japonais, sans distinction de sexe.

Je dis « sans distinction de sexe » parce que cela ne va pas de soi. La Japonaise devrait en effet montrer davantage de gratitude aux toilettes publiques que le Nippon. Elle y séjourne en moyenne 1 minute 37 secondes à chaque passage, alors que le Japonais n'y villégiature que 31 secondes et 70 centièmes. Ainsi l'a établi le professeur Hideo Nishioka, toilettologue de l'université de Tokyo, qui a démontré par ailleurs que le métrage quotidien de papier hygiénique utilisé par les hommes de son archipel s'établit à 3,50 mètres, tandis que celui des femmes atteint 12 mètres.

A quoi bon, vous demandez-vous sans doute devant le petit déjeuner que le sujet que j'ai choisi ce matin vous rend – et je m'en excuse – difficile à avaler, à quoi bon tant d'érudition ?

Eh bien, c'est que les Japonais nous sont supérieurs aussi sur le plan de l'industrie de la toilette publique. En Europe, le grand spécialiste de la vespasienne tarifée en a installé 2 400. Au Japon, il y en a 30 000, installées par deux firmes, la firme Toto et la firme Imax.

Comme je ne voudrais pas que votre journée commence sous de si tristes auspices, je suis en mesure de vous dire que le salut de l'Europe viendra peut-être de la Suisse, comme chaque fois qu'il s'agit de propreté. La maison Geberit va en effet mettre sur le marché un water-closet qui : 1° aspire les mauvaises odeurs pour les éliminer instantanément ; 2° douche et sèche le postérieur de la personne qui vient de répondre à un important appel de la nature. Il va de soi que la douche est réglable en chaleur comme en intensité. Pour en prévenir un usage abusif et contraire aux bonnes mœurs, l'usage du chalet de nécessité est limité à 15 minutes. Passé ce délai, un voyant s'allume à l'extérieur, et la porte s'ouvre. Je vous laisse une seconde pour imaginer le tableau. Cela me permettra de déchiffrer la dépêche que l'on m'apporte à l'instant : la firme japonaise Imax a mis au point une toilette qui est capable d'analyser les selles et l'urine, et de donner, 5 secondes après l'opération, le rythme cardiaque, la température et la tension artérielle du sujet. Eh ben ! Les Suisses sont pas dans la m...

Je vous souhaite le bonjour !

17 octobre

Heureux habitants du Cantal et des autres départements français, il ne vous a pas échappé que les nouvelles mœurs à l'honneur en Union soviétique provoquaient une affliction aussi vive que mal dissimulée chez un communiste aussi authentique que Georges Marchais. Comment ne pas le comprendre et ne pas partager son chagrin ?

A la création de l'URSS, les populations subjuguées furent invitées à croire à des choses exaltantes. Le regretté Lénine leur déclarait par exemple (je cite) : « Lorsque sera instauré le socialisme, la richesse s'accroîtra encore plus vite, la journée de travail sera plus courte, les ouvriers gagneront plus, et toute leur vie sera transfigurée. »

En 1935, le toujours imité, jamais égalé Staline prédisait à la radio, à l'occasion de la 1re conférence des stakhanovistes d'URSS (je cite) : « Pourquoi le socialisme peut-il, doit-il vaincre et vaincra-t-il nécessairement le système d'économie capitaliste ? Parce qu'il peut donner à la société plus de produits et la rendre plus riche que ne peut le faire le système capitaliste » (fin de citation).

En 1975, le trop oublié et pétulant Alekseï Kossyguine, devant les caméras de la télévision, constatait tout uniment (je cite) : « Le bien-être du peuple s'est élevé, et la production socialiste s'est développée et se développera à des cadences rapides. »

Et aujourd'hui, qui voit-on qui fait un tabac sur la

première chaîne de télévision d'URSS : un hypnotiseur,
Anatoli Kashpirovski, qui endort les gens à distance et
annonce qu'il rend la vue aux aveugles, fait disparaître
les cicatrices, guérit la goutte et le diabète, et se propose de soigner le SIDA.

L'émission de cet Anatoli Kashpirovski a été suivie,
qui plus est, par 200 millions de téléspectateurs, c'est-à-
dire les deux tiers de la population d'URSS.

Ce n'est pas que l'obscurantisme raspoutinien
revienne en force par le biais de la télévision d'État qui
nous chagrine, Georges Marchais et moi ; ce n'est même
pas que personne n'ait pensé à demander à l'hypnotiseur de persuader les Russes que leurs boutiques sont
pleines, leur appartement spacieux, leurs journaux
libres et leurs minorités nationales protégées. Non, ce
qui nous désole, c'est que, malgré tout ce tintouin de
perestroïka, des promesses de Lénine à celles de Kashpirovski, voulez-vous me dire ce qui a changé ?

Je vous souhaite le bonjour !

18 octobre

Heureux habitants de la Drôme et des autres départements français, peut-être vous est-il arrivé de voyager en Italie. Peut-être aviez-vous choisi de vous déplacer en train. Peut-être vous étiez-vous retrouvé au wagon self-service. Peut-être devriez-vous, dans ce cas, aller déposer quelques fleurs aux pieds de la statue de votre saint préféré. A moins que vous ne soyez déjà dans un monde meilleur.

Un magistrat romain vient en effet de rendre publiques les conclusions d'une expertise, ordonnée à la demande du parquet, des aliments proposés par les self-services des trains italiens. D'abord, les carabiniers de la brigade antifraude ont découvert que, dans les cuisines où se préparent ces aliments, les réfrigérateurs étaient (je cite) « croulants, rouillés et incrustés de graisse ». Les ustensiles et couverts utilisés pour la confection des plats étaient (je cite) « dans un état indescriptible de saleté » – et une colonie de rats vivait dans ces locaux sans être dérangée.

Les locaux en question se trouvaient être mitoyens (je recite) d'« un vide-ordures énorme et puant ». Par cette odeur alléchés, les experts examinèrent une salade de riz avec des œufs, des olives et du saucisson. Ils en déconseillèrent la consommation en raison (je rerecite) de « la présence de germes indicateurs de contamination fécale ». Le poulet au jus et aux champignons contenait également « une charge bactérienne élevée et des staphylocoques fécaux ». Le poulet sans

champignons et sans jus compensait ce dénuement par
une «forte concentration microbienne, ainsi que
diverses levures et moisissures».

Celui que la salade et le poulet auraient épargné et
qui se serait jeté sur la tarte au chocolat aurait ingéré
une colonie de staphylocoques dorés qui, outre un fort
pouvoir évocateur et poétique dû à leur nom, provo-
quent volontiers des intoxications gastro-entériques.

Cinq dirigeants de la société qui fournissait les
wagons-lits et quatre fonctionnaires chargés des
contrôles ont été inculpés. La loi et les principes huma-
nitaires ne permettent pas qu'ils soient condamnés à
manger leur propre cuisine.

Ah! Savez-vous comment s'appelle, en italien, la
brigade des fraudes? *Brigata antisofisticazione*. Bon
appétit!

Je vous souhaite le bonjour!

19 octobre

Heureux habitants du Finistère et des autres départements français, ce qui se passe en Allemagne de l'Est est si impressionnant que nous pourrions avoir tendance à oublier que, derrière le rideau de fer, il reste encore une tripotée de pays où l'on ne peut voter ni avec ses mains ni avec ses pieds.

Par exemple, la Corée du Nord et la Roumanie, du Nord et du Sud. Voilà deux pays gouvernés par des disciples du regretté Caligula, qui, comme on s'en souvient, se proposait à la vénération des Romains en se baptisant « le nouveau soleil ».

Les Cambodgiens restent également très intéressants. Ils montrent que, malgré le départ des troupes vietnamiennes, ils ont su préserver le culte de la sainte langue de bois. L'agence officielle de presse du Cambodge décrit ainsi l'exode massif des Allemands de l'Est comme (je cite) « le résultat des incitations des impérialistes pervers dont le but est de ternir l'image du socialisme » (fin de citation).

Et pourquoi, me demanderez-vous, des impérialistes pervers essaient-ils de ternir l'image du socialisme ? Parce que, vous répondrai-je en citant l'agence officielle cambodgienne, « la stabilité et la prospérité de l'Allemagne de l'Est embarrassent les impérialistes américains ».

Remarquez qu'il ne faut pas toujours médire des régimes hostiles à la liberté : ils offrent l'indéniable avantage de développer l'ingéniosité frondeuse des populations. Ainsi, par exemple, en Tchécoslovaquie, quelques loustics ont trouvé le moyen de célébrer dans le *Rudé Právo*, l'organe officiel du Parti communiste, l'anniversaire de l'écrivain rebelle Vaclav Havel, pourtant périodiquement, et encore récemment, mis en prison.

Pour parvenir à leurs fins, ils ont utilisé ce que, dans la presse bourgeoise, on appelle le carnet mondain, les colonnes où l'on annonce fiançailles, mariages, etc. Pas question, bien sûr, de mentionner le nom de Vaclav Havel. Alors, nos loustics ont fait passer une annonce disant qu'ils souhaitaient bon anniversaire à Ferdinand Vanek. Ferdinand Vanek est le personnage principal d'une pièce de théâtre autobiographique écrite par Havel. Et le plus fort, c'est qu'à côté de leur petite annonce les loustics ont réussi à faire publier une photo de Vaclav Havel *alias* Ferdinand Vanek.

A l'heure qu'il est, les Tchèques mal pensants arborent un sourire en coin. Je me demande si c'est en songeant à la provision de courage qu'ils ont donnée à Vaclav Havel en vue de son prochain séjour en prison ou si c'est plutôt en imaginant la tête du rédacteur en chef de *Rudé Právo* quand il s'est rendu compte qu'il avait de bonnes chances d'être muté à la rédaction du bulletin intérieur de la cellule des journalistes au chômage. Peut-être les deux. Pour des cœurs simples, il n'y a pas de petits plaisirs.

Je vous souhaite le bonjour !

20 octobre

Heureux habitants de la Gironde et des autres départements français, plusieurs d'entre vous ont sans doute la chance d'habiter une grande ville. Je dis « une grande ville » parce que c'est là, contrairement à ce qu'un vain peuple pense, que l'on est le plus en sécurité. Eh oui, vain peuple, c'est ainsi. Dans les grandes villes, presque tous les commerçants et de plus en plus d'habitants se sont installé des alarmes pour effrayer les cambrioleurs. Les alarmes, c'est for-mi-dable, même si c'est défendu par la loi. Au début, je croyais que cela se déclenchait juste lorsqu'un intrus essayait de pénétrer chez autrui pour des raisons non altruistes. Pas du tout. D'abord, un tel système serait enfantin. Trop prévisible pour les malfaiteurs. D'ailleurs, les voisins ne se dérangeraient pas. Si vous savez qu'il y a des truands à côté, vous n'allez pas vous mettre dans la position de prendre un mauvais coup quand ça n'est pas vous qu'on vole. Et la police ne va pas venir non plus. D'abord, il faut qu'elle localise l'immeuble d'où part l'alarme, et ensuite, si elle y parvient, elle ne peut pas rentrer vu qu'il y a le code. Alors les Français ont inventé l'alarme aléatoire. C'est une alarme si perfectionnée qu'elle se déclenche n'importe quand, surtout après 22 heures et le dimanche matin. Certaines sont sensibles à la pluie, d'autres au soleil, d'autres au passage d'autobus, d'autres on ne sait pas à quoi, d'où leur nom d'aléatoire.

En général, elles durent assez longtemps pour

réveiller tout le quartier. Du coup, évidemment, les cambrioleurs hésitent : s'ils neutralisent l'alarme de la boutique ou de l'appartement où ils opèrent, rien ne les assure que l'alarme d'à côté, l'alarme aléatoire, ne va pas se déclencher inopinément et attirer l'attention sur leur coupable activité. Ça dissuade. D'autant que le déclenchement nocturne des alarmes aléatoires crée chez les habitants une certaine nervosité qui peut les porter à Dieu sait quelles extrémités.

L'autre nuit, dans mon quartier, les alarmes aléatoires étaient dans une forme stridente. Il y a eu celle de 1 h 40, qu'on appelle l'alarme du premier sommeil, puis celle de 3 h 10, qui a tenu vingt-sept minutes. Comme ça ne valait pas la peine de se rendormir, j'en ai profité pour faire un tour. En passant devant le commissariat de police de nuit, je suis entré demander aux forces de l'ordre si, quand même, elles n'avaient pas des critiques à formuler sur le système de protection par les alarmes aléatoires. Le gradé derrière le comptoir a enlevé les boules qu'il s'était mis dans les oreilles, il m'a fait répéter ma question, puis il m'a répondu que non, avec ces alarmes aléatoires illégales, la vie des brigades de nuit est devenue si tranquille que le préfet de police songe à constituer une équipe pour les championnats du monde de tarot.

Je vous souhaite le bonjour !

23 octobre

Heureux habitants du Loiret et des autres départements français, peut-être avez-vous tremblé, ces derniers temps, devant les galipettes de la Bourse. Eh bien ! j'ai une mauvaise nouvelle pour vous. Même si le spectre du Jeudi noir s'éloignait à tout jamais, vous ne seriez pas sortis de l'auberge. En matière d'économie, il n'y a en effet que de mauvaises nouvelles. Je dois cette conviction à mon confrère américain Gregg Easterwood, éditorialiste à *Newsweek* et à *The New Republic*. Un jour, Gregg Easterwood entend à la radio que le taux de chômage a baissé aux États-Unis. Il descend de chez lui, heureux de cette bonne nouvelle, et achète le *Washington Post*. Dans les pages économiques de cet imposant journal, il lit avec tristesse que la baisse du taux de chômage est inquiétante, car elle peut conduire la Réserve fédérale à relever les taux d'intérêt. Sceptique, notre homme achète le *Wall Street Journal* – le grand journal financier américain –, où il découvre que la baisse du chômage est alarmante, car elle peut causer « un fort rétrécissement du marché du travail ».

Honteux de la naïveté qui lui avait fait croire que la diminution des chômeurs pouvait être un signe d'espoir, mon confrère se met à étudier systématiquement la rubrique économique des journaux. Un jour, le cours du dollar monte. « C'est bon pour nous, se dit l'Américain. – Pas du tout, lui répond le *New York Times*, cela ajoute de nouvelles incertitudes aux perspectives du monde des affaires. – Et en plus, précise le

Wall Street Journal, cela va conduire la Réserve fédérale à relever les taux d'intérêt. »

Fort heureusement, à quelques semaines de là, le dollar baisse. « Nous voilà tirés d'affaire, pense notre homme. – Pas du tout, s'exclame le *New York Times*, cela va contribuer à endormir notre vigilance quant au déclin prévisible de nos exportations. – Et de surcroît, renchérit le *Wall Street Journal*, cela va faire monter les prix et déclencher une vague d'inflation. – Sans compter, commente le *Washington Post*, que ça va conduire la Réserve fédérale à relever les taux d'intérêt. »

« Mais, se demande mon confrère, c'est si grave que ça, le relèvement des taux d'intérêt ? – Supergrave, lui répond le *Washington Post* le 25 février dernier : cela déprime la Bourse. – Gravissime, proclame le *Wall Street Journal* le 12 juin, cela fait monter artificiellement la Bourse. »

Poursuivant sa recherche de bonnes nouvelles, mon confrère ne reçoit que des gifles. Il apprend ainsi que la baisse du déficit du commerce extérieur peut être préoccupante, que l'augmentation continue du taux de croissance peut être dangereuse, qu'une inflation faible est un mauvais présage et que la hausse des bénéfices industriels est lourde de menaces.

« Tout est dans tout », se dit mon confrère. Et, au moment où il allait ajouter « et réciproquement », il se prend à penser : « Pourvu que ça ne conduise pas la Réserve fédérale à relever les taux d'intérêt ! »

Je vous souhaite le bonjour !

24 octobre

Heureux habitants du Rhône et des autres départements français, vous savez que certains Américains ne badinent pas avec l'amour lorsqu'il s'épanouit hors des liens du mariage. Leur sévérité devient terrible si les fornicateurs et les adultères sont des personnages publics. C'est ainsi que, depuis plusieurs mois, le *Washington Times* publie de nombreux articles sur la vie et les vices privés des parlementaires américains.

Dans cette entreprise d'assainissement de la vie publique, le *Washington Times* offre d'excellentes garanties de crédibilité. Il appartient en effet à la secte du révérend Moon, qui fut condamné à la prison en Corée, en 1948, pour actes obscènes et, de nouveau, en 1955, pour divers débordements libidineux et même pour polygamie. Comme quoi on ·peut s'intituler « réunificateur des Églises » et se comporter en multiplicateur des épouses.

La cible favorite du révérend Moon et de son journal est le *congressman* Barney Frank. Barney Frank n'a pas craint d'informer ses électeurs et ses collègues de son homosexualité. Barney Frank doit actuellement répondre, devant une commission du Congrès, de l'accusation d'avoir embauché comme chauffeur-secrétaire un jeune prostitué. Ce jeune prostitué a quitté son amant parlementaire et s'en est allé raconter leur histoire – moyennant quelque finance – au journal du révérend Moon. Comme quoi on peut changer de trottoir sans changer de métier.

Mais je crains bien que les révélations de cet excellent jeune homme ne se retournent contre l'entreprise de M. Moon. D'après son récit, en effet, Barney Frank avait l'habitude de commettre le péché de chair tard le soir, dans les vestiaires de la salle de gymnastique du Congrès. Dans ces vestiaires, Barney Frank choisissait toujours le même endroit. Il demandait à son amant de se placer contre l'armoire réservée à George Bush, alors vice-président des États-Unis et donc président du Sénat. L'armoire de George Bush aurait ainsi été déshonorée un nombre incalculable de fois... Comme vous le savez, George Bush appartient au Parti républicain. Et comme vous l'avez déjà deviné, Barney Frank est membre du Parti démocrate. Ce qui prouve que l'on peut perdre la raison et sa culotte sans rien céder de ses convictions. La commission du Congrès aurait donc bien tort de ranger au nombre des actes obscènes la manifestation d'une ardeur dont Barney Frank devrait désormais pouvoir démontrer qu'elle était essentiellement dirigée contre un adversaire politique.

Je vous souhaite le bonjour !

25 octobre

Heureux habitants des Landes et des autres départements français, parmi les maximes que l'on vous a enseignées à l'école figure sans doute le vieil adage « Gouverner, c'est choisir ». Il faut choisir, par exemple, comme vous l'avez probablement compris, entre l'autorisation et l'interdiction du port du foulard islamique dans les écoles de la République. Et il faut prendre cette décision après avoir pesé des choses délicates et importantes comme l'intérêt personnel des enfants et celui, collectif, de la société et des principes qui la régissent.

Entre les deux termes de l'alternative, voile ou pas voile, le ministre le plus concerné, M. Lionel Jospin, ministre d'État, ministre de l'Éducation nationale, vient d'effectuer un grand écart qui doit lui contracter sacrément les quadriceps. Hier après-midi, à l'Assemblée nationale, M. Jospin, ministre d'État, ministre de l'Éducation nationale, a d'abord affirmé, en effet, que « l'on ne doit pas arborer de signes religieux à l'école ». Puis il a déclaré que, « si, au terme d'une discussion avec elles, les familles n'acceptent toujours pas de renoncer à tout signe religieux, l'enfant doit être accueilli dans l'établissement scolaire ».

Autrement dit, la règle collective est applicable à tous, sauf à ceux qui ne veulent pas. Ou encore : si l'usage de quelque chose est interdit à tous, il l'est plus particulièrement à ceux qui ne s'en servent pas et ne demandent pas à s'en servir. Le port du foulard isla-

mique est ainsi défendu aux israélites. Et je pense que,
dans son impitoyable rigueur, M. Jospin, ministre
d'État, ministre de l'Éducation nationale, va bientôt
préciser que les musulmans ne sont pas autorisés à
arborer un crucifix à l'école, ni les chrétiens une étoile
de David.

L'affaire du voile connaît ainsi un nouveau rebon-
dissement : en prenant une décision qui contient deux
éléments incompatibles, un ministre peut-il, quelle que
soit sa religion, être autorisé, lui aussi, à se voiler la
face ? J'ai fait des recherches approfondies et je suis en
mesure de répondre : oui. Le regretté président du
Conseil de la IVe, Henri Queuille, Corrézien et radical-
socialiste s'il en fut, avait en effet élevé cette méthode
au rang des principes de gouvernement en déclarant
naguère : « Il n'y a pas de problèmes qu'une absence de
solution ne puisse, à terme, contribuer à résoudre. »

Je vous souhaite le bonjour !

26 octobre

Heureux habitants de la Sarthe et des autres départements français, il ne vous a pas échappé, depuis le temps que vous êtes sur cette terre, que l'homme est fondamentalement mauvais. Parmi les nombreuses façons qu'il a d'exprimer sa mauvaiseté, l'une des plus consternantes est le sentiment de supériorité qu'il éprouve fréquemment simplement parce qu'il est né ici plutôt que là. Ainsi, par exemple, les Français ont-ils la conviction intime que les autres peuples francophones sont des enfants mineurs, dont les coutumes prêtent à sourire de manière condescendante.

Avec votre permission, je vais vous faire la démonstration de votre propre propension à céder à cette fâcheuse tendance. Approchez-vous du poste et prêtez-moi attention. Je vais vous lire une information sérieuse, et je vais guetter votre réaction. Voilà l'information : « Le comité contre des camions plus larges a lancé la campagne de référendum contre la loi sur la circulation routière, dont une disposition permet de porter de 2,3 à 3 mètres la largeur maximale des camions. » Vous avez souri. Je vous ai vus. Vous avez tort. En Suisse, d'où, bien sûr, provient cette information, les citoyens ont le droit de donner leur avis sur tout ce qui les concerne, y compris la largeur des camions. Vous aimeriez bien pouvoir en faire autant, mais, comme vous n'en avez pas la possibilité, vous vous vengez en souriant.

Voulez-vous que je poursuive ma démonstration ?

Approchez-vous un peu plus du poste. Voici une autre
information, lue cette semaine dans un journal francophone : « Le roi et la reine des Belges commencent
aujourd'hui leur visite officielle en Suisse. » Vous voyez
comme vous êtes... vous avez encore souri, et tout ça
parce que vous n'avez ni roi ni reine. Qu'est-ce que ça
aurait été si je vous avais dit : « Le roi et la reine des
Suisses étaient en visite officielle chez les Belges. » Mais
que croyez-vous que fassent les Belges et les Suisses
lorsqu'ils lisent dans nos journaux : « Le juge Simon a
donné un entretien au *Nouveau Détective* » ?

Je vous souhaite le bonjour !

27 octobre

Heureux habitants de l'Allier et des autres départements français, dans les récents débats sur le trafic de la
drogue, vous avez surtout entendu parler de la Colom-
bie et des honorables négociants du cartel de Medellín.
Le commerce de la drogue ne leur est toutefois pas
réservé en Amérique latine, et les Mexicains ont depuis
longtemps leurs trafiquants *king size*. Quelques-uns de
ces gros bonnets sont en prison à Mexico. Sur la paille
humide des cachots ? Pas exactement.

La presse mexicaine a révélé il y a peu de temps que
les grands patrons de la drogue s'étaient fait aménager
à l'intérieur de leur prison des appartements avec salle
de bains en marbre et chambre à coucher équipée de
lits très grand format. Des serviteurs étaient chargés
d'entretenir ces appartements et d'accomplir les volon-
tés de leurs patrons. De jeunes femmes, dont la vertu
ne semble pas avoir été la principale parure, se trouvaient quotidiennement admises à fréquenter les
maîtres des lieux.

La présence simultanée d'un assez grand nombre de
ces créatures semble avoir eu quelque influence sur le
choix du très grand format des lits.

Un restaurant avait également été installé à l'étage
de ces appartements. On pouvait y rencontrer, outre les
négociants de drogue hébergés par l'administration
pénitentiaire, de hauts fonctionnaires et des hommes
d'affaires venus les visiter. La cocaïne y était proposée
à la fin des repas, dont l'ensemble des convives s'accor-

daient à dire qu'ils se situaient au meilleur niveau des restaurants de Mexico.

Si je dois malheureusement vous raconter cette histoire au passé, c'est que le pot aux roses a été finalement découvert. Savez-vous comment ? On s'est aperçu que de nombreux gardiens étaient corrompus par les locataires de l'étage des trafiquants, qui payaient leur complicité en leur fournissant de l'excellente tequila. Et comment a-t-on découvert cette corruption ? Parce que, brutalement, les gardiens se sont mis à refuser les bouteilles d'alcool frelaté avec lesquelles, d'ordinaire, les familles des détenus de basse condition leur achetaient de petits passe-droits. Contrairement au crime, le sens du devoir ne paie pas.

Je vous souhaite le bonjour !

30 octobre

Heureux habitants de l'Isère et des autres départements français, j'ai de mauvaises nouvelles pour vos
enfants, et peut-être même des reproches à vous faire.
Commençons par les reproches. Le vendredi soir, votre
progéniture vous annonce fréquemment qu'elle va (je
cite) « s'éclater avec des potes ». Vous lui faites les
rituelles recommandations : « Ne rentre pas trop tard.
Amuse-toi bien et ne dépense pas trop », etc. Dans
votre for intérieur, vous vous dites même : « Pourvu
qu'elle prenne la pilule » ou « pourvu qu'il utilise un
capuchon ». Et là, vous croyez votre devoir accompli et
vous allez regarder Sabatier sur la Une.
Mais il ne suffit pas de se soucier de la vie affectivo-
sexuelle de ses enfants pour être en règle avec sa
conscience. Il faudrait aussi se préoccuper de leur alimentation. Or, où vont-ils manger avec la personne de
leur choix avant de s'abandonner à ces fougueux et
maladroits élans dont le souvenir nous fait tant chérir
notre propre jeunesse ? Ils vont dans des *fast-foods* – en
français, des « mange-vite ». Et, dans leur mange-vite,
que s'introduisent-ils dans le corps ? Un aggloméré de
sciure de bois et de déchets d'abats de bœuf cuit jusqu'à
la dessiccation, assaisonné de sirop de glucose coloré à
la tomate industrielle, le tout coincé entre deux
tranches d'éponge non végétale et accompagné de
pommes de terre saturées d'extraits graisseux de
lubrifiants de seconde main qu'ils font descendre à
grands verres d'une boisson colorée aux résidus de tan-

nerie et additionnée de gaz artificiels. Comme on n'a pas encore inventé de préservatif pour les estomacs, votre progéniture s'y fait des trous comme si c'était une couche d'ozone. Et, en plus, leur sang charrie autant de déchets répugnants que la Seine, et, lorsque cela arrive au cerveau, bonjour les dégâts. Des observateurs avertis soutiennent même qu'au bout de quelques années de fréquentation des mange-vite, le cerveau se met à ressembler à l'agglomérat de sciure et de déchets qui se place entre les tranches d'éponge non végétale.

Comme vous restez inertes devant cette situation catastrophique, d'autres adultes ont décidé de prendre leurs responsabilités et de créer un mouvement international de lutte. Il comprend déjà des sections italienne, autrichienne, danoise, espagnole, vénézuélienne, hongroise, suédoise, suisse, marocaine et même étatsunienne.

Il a pour but (je cite) de « lutter contre ceux qui confondent efficacité et frénésie », et de promouvoir d'abord, en matière de nourriture, « les plaisirs sensuels consommés dans une jouissance lente et épanouie ».

J'ai le plaisir exclusif de vous annoncer que la section française sera lancée officiellement le 10 novembre prochain. Et savez-vous comment s'appelle ce mouvement international contre la mortification des sens et la productivité frénétique qui mettra régulièrement en valeur des plats et des produits peu chers mais savoureux ? Il s'appelle le *slow-food*. Et franchement, dans les souvenirs de notre jeunesse et des élans fougueux dont je parlais tout à l'heure, il me semble que vous en devez davantage au *slow* qu'au *fast*.

Je vous souhaite le bonjour !

31 octobre

Heureux habitants du Puy-de-Dôme et des autres départements français, vous connaissez les Anglais. Ce qu'ils ont de pire, après leur cuisine, c'est leur logique. La britannique logique, c'est de la culture de paradoxes en serre. Jugez plutôt. D'après les statistiques anglaises, 2 % des jeunes femmes grandes-bretonnes ont été agressées dans la rue l'an dernier, et 7,7 % des jeunes gens l'ont été.

Du coup, le ministre anglais de l'Intérieur publie un guide destiné aux hommes. Pour leur dire comment éviter les agressions et résister aux agresseurs ? Pas du tout. Pour leur dire comment se comporter, dans la rue, avec les femmes seules, afin que celles-ci ne se sentent pas menacées. Cet opuscule édicte dix commandements dont le respect devrait assurer la tranquillité des rapports entre les sexes, du moins à l'air libre et dans les espaces publics. En voici quelques-uns.

Premier commandement : « Ne marchez pas derrière une femme seule et changez de trottoir. » Visualisons la chose. Elle marche sans penser à mal. Elle vous voit brutalement traverser la chaussée. Si elle ne prend pas ses jambes à son cou, c'est qu'elle est elle-même en train de préparer un hold-up.

Autre commandement : « Ne vous asseyez pas trop près d'une femme dans un compartiment de chemin de fer. Ne faites pas la conversation à une femme seule à un arrêt d'autobus. » Bon. Chacun pour soi et Dieu contre tous, ennuyons-nous chacun de notre côté.

Autre commandement : « Ne regardez pas une femme de manière trop appuyée et admirative. » OK. *No problem.* Tout à l'heure, j'ai croisé Annette Ardisson ; je l'ai regardée d'une manière pas appuyée du tout et méprisante. Déjà que, le 1er novembre, l'ambiance de la Maison de la radio est funèbre...

Commandement suivant : « N'entrez pas dans un ascenseur avec une femme seule. » Ça, ça va de soi, je suppose qu'aucun des hommes qui m'écoutent n'a commis pareille sottise ni pris pareil risque. Regardez ce pauvre Bernard Brigouleix qui prenait tous les jours l'ascenseur avec Annette Ardisson. Voilà huit jours qu'il a disparu.

Et, pour en finir : « N'oubliez pas qu'une femme peut être nerveuse lorsqu'elle sort seule. » Parfait. Je résume à l'usage des jeunes gens : on ne s'approche pas d'une femme, on ne parle pas à une femme, on ne regarde pas une femme, on se méfie d'une femme. A ce train-là, et si on laisse sévir le ministre britannique de l'Intérieur, il suffira de se trouver à proximité d'une femme pour être considéré comme un proxénète.

Je vous souhaite le bonjour !

1er novembre

Heureux habitants des Vosges et des autres départements français, vous n'êtes pas sans savoir que c'est aujourd'hui le jour des Morts. Mais peut-être ignorez-vous que, dans ce domaine comme dans beaucoup d'autres, les Américains nous sont supérieurs. En quoi nous sont-ils supérieurs ? Eh bien, en ceci que leur mort, ils s'en occupent de leur vivant. Aux États-Unis, les directeurs de salons funéraires, de pompes funèbres et de cimetières se sont regroupés en association, baptisée « Association pour les arrangements préalables ». Ils utilisent toutes les ressources du marketing pour démarcher le client : envoi de brochures, coups de téléphone personnalisés et démarchage à domicile. Les résultats sont plus qu'appréciables.

Selon l'Association pour les arrangements préalables, le pourcentage d'Américains ayant acheté leur concession au cimetière avant d'en avoir un besoin urgent s'établissait à 10 % dans les années soixante ; dans les années soixante-dix, ce chiffre est devenu 20 % ; et, au cours des années quatre-vingt, on peut établir à 40 % de la population totale la quotité d'Américains vivants déjà propriétaires de leur dernière demeure.

Bien entendu, il en va du marché des dernières demeures comme du marché immobilier : la demande fait monter les prix, et les prix varient selon les quartiers. Dans le cimetière de Los Angeles où repose Marilyn Monroe, on ne trouve plus rien à moins de

90 000 francs. Mais, comme le dit un médecin new-yor-
kais interviewé par *The New Republic* : « Si vous vous
êtes battus toute votre vie pour avoir un bon job, un bel
appartement et des enfants à Harvard, pourquoi diable
passeriez-vous trois mille ans couché à six pieds sous
terre en dessous d'un périphérique ? »

La montée des prix des concessions est amplifiée
par un phénomène de mode qui fait fureur dans les
classes aisées. Non seulement un cadre supérieur qui
réussit se doit d'avoir une maison de campagne, une
part de golf et deux voitures, dont une européenne,
mais il lui faut aussi sa résidence définitive et même les
ornements qui vont avec. En ce moment, la mode est
à la plaque de bronze : 9 000 francs pour un couple ;
4 800 francs pour un célibataire. Tout est déjà gravé,
sauf l'année de votre disparition. Mais, ne vous inquié-
tez pas, c'est compris dans le prix, vos héritiers n'auront
rien à débourser.

Comme mourir devient de plus en plus cher, les
pauvres ne peuvent plus suivre. Mais ils meurent néanmoins, et souvent même avant les riches. Comme tous
les pauvres, ils ont été imprévoyants et ne laissent à
leurs ayants droit ni tombe préachetée ni argent pour
en acheter une. Du coup, on les incinère. Dans les États
les plus riches des États-Unis, le pourcentage des inci-
nérations atteint désormais 25 % et touche principale-
ment les morts d'origine pauvre. Les riches solidement
plantés dans de la terre bien grasse et les pauvres éva-
nouis en fumée : décidément, les hommes meurent
comme ils ont vécu, libres et égaux en droit.

Je vous souhaite le bonjour !

2 novembre

Heureux habitants du XIXe arrondissement de Paris et des départements français, peut-être vous souvenez-vous que je vous avais annoncé naguère que le défenseur américain des consommateurs, Ralph Nader, était parti s'installer au Japon. Le but de Ralph Nader est de susciter des associations de consommateurs, afin que les Japonais prennent conscience que le protectionnisme plus ou moins déguisé de leur gouvernement les conduit à payer plus cher la plupart des produits qu'ils consomment.

En matière de protectionnisme, en effet, le gouvernement nippon ne recule devant aucune friponnerie, comme Ralph Nader a pu le constater. Une entreprise guatémaltèque fabrique des mouchoirs; elle en exporte dans le monde entier et se dit: pourquoi pas au Japon? Après tout, les Japonais doivent se moucher autant que les Occidentaux, même si leur nez est plus petit. Toute entreprise qui veut pénétrer le marché japonais doit soumettre ses produits au célèbre MITI, le ministère du Commerce international. Là, on étudie aussi longtemps que nécessaire le produit proposé pour décider s'il est importable au Japon. Voilà donc nos mouchoirs examinés au microscope. Que peut-on bien reprocher à un mouchoir? se demandent les fonctionnaires impériaux. Une voiture, il est toujours possible de la trouver trop polluante ou trop bruyante. Des produits alimentaires, on peut les déclarer non conformes aux règles d'hygiène. Mais un mouchoir? Un brave mouchoir gua-

témaltèque en tissu de coton ? Comment peut-on
empêcher son arrivée sur le marché japonais ?

Eh bien, les crânes d'œuf du MITI ont trouvé, et les
dirigeants de la fabrique guatémaltèque de mouchoirs
ont reçu une lettre pleine de regrets, mais bannissant
leurs mouchoirs à tout jamais parce que (je cite)
« lorsque le coin du mouchoir a été plié pour nettoyer
l'intérieur d'une oreille, il est apparu, à l'essai, qu'il
était trop large pour une oreille japonaise » (fin de citation).

Cela démontre une fois pour toutes que, contrairement à ce que proclame la sagesse populaire, on peut
trouver pire sourd que celui qui n'a pas d'oreille.

Je vous souhaite le bonjour !

                                                3 novembre

Heureux habitants de l'Ain et des autres départements français, j'ai le plaisir de vous annoncer qu'une partie importante de la population mâle de l'Arabie Saoudite éprouve, depuis la semaine dernière, un vif sentiment de soulagement. Après de longues discussions entre les responsables religieux du pays, les jeunes gens ont en effet reçu l'autorisation (je cite) « de rencontrer et de voir de près avant la cérémonie du mariage la jeune femme que leur famille leur a choisie ».

Le débat n'est cependant pas tranché sur la question de savoir quelle partie de l'anatomie de leur future épouse les fiancés seront autorisés à contempler. Selon certains théologiens islamiques, le jeune homme devrait être autorisé à jeter un regard sur le visage de sa promise et également sur ses mains. Pour d'autres experts religieux, il pourrait être permis à l'homme de contempler la jeune femme qu'il va épouser (je cite) « dans la tenue qu'elle portera normalement à la maison », c'est-à-dire sans voile, et même « avec un vêtement s'arrêtant aux genoux ». Toutefois, le journal *Arab News* de Djeddah précise que « le fiancé devra observer les convenances islamiques lorsqu'il regardera sa future épouse et qu'il est absolument exclu que celle-ci se trouve à aucun moment seule avec son futur époux ».

Au cas où quelques esprits mal tournés s'aviseraient de considérer que non seulement un homme doit pouvoir connaître une jeune fille avant de l'épouser, mais encore qu'il a le droit de la choisir, comme on doit admettre que cela se fait dans un grand nombre de pays, *Arab News* rappelle qu'aucune coutume étrangère ne saurait prévaloir sur les règles islamiques.

Au cas où quelques extrémistes égarés suggéreraient qu'une jeune fille, malgré le fait qu'elle est évidemment une créature inférieure, pourrait décider toute seule qui elle prend pour époux, les théologiens islamiques pourraient être conduits à adopter la méthode que nous avons choisie en France, dite «méthode Jospin», et proclamer que toutes les jeunes filles peuvent choisir librement leur époux à condition que ce soit le même que celui désigné par leur père et pourvu qu'elle ne l'ait jamais vu.

Je vous souhaite le bonjour!

7 novembre

Heureux habitants du Tarn et des autres départements français, je ne dis pas ça pour me vanter, mais l'autre soir, après le turbin, je suis allé assister à un concours d'amateurs de piano. Curieuse idée, m'étais-je dit en moi-même, quand on joue d'un instrument pour son plaisir que d'aller se fourrer tout cru dans cet enfer des musiciens professionnels que sont les concours. Qu'est-ce que c'est, en effet, qu'un amateur ? C'est quelqu'un qui fait assez mal et avec beaucoup de joie ce que le professionnel fait très bien mais avec de moins en moins de plaisir.

Du coup, je m'étais dit que ces amateurs de piano étaient peut-être de faux amateurs, c'est-à-dire des professionnels ratés. Genre vieille fille sortie du conservatoire sans prix et qui se venge en dégoûtant du piano des générations d'enfants que leurs parents ont vissés sur un tabouret pour qu'ils apprennent à jouer la *Lettre à Élise* et éblouissent leur famille après le déjeuner du dimanche.

Eh bien, c'était une erreur, et les amateurs en étaient des vrais, avec des métiers sans rien à voir avec la musique : une directrice d'agence de voyages, un contrôleur des impôts, une documentaliste, un pilote de ligne, un responsable de gestion dans les assurances, une orthophoniste, un receveur des Postes, une comptable d'auto-école, un chef de cabine d'Air France... J'en passe, et des médecins, des ingénieurs et des pharmaciens.

Et tous ces artistes en chambre s'attaquaient à de gros morceaux : la *Première Ballade* de Chopin, les *Jeux d'eaux* de Ravel, le *Concerto italien* de Bach, les *Papillons* de Schumann, des pièces de musique pleines de notes où il faut faire courir ses petits doigts sans trêve ni repos d'un bout à l'autre du clavier.

Pourtant, je suis rentré déçu. Déçu parce que la plupart de ces amateurs, au lieu de jouer avec sincérité comme ils le font dans le huis clos de leur appartement et pour le seul enchantement d'eux-mêmes et de leurs voisins, se sont mis à singer les vrais professionnels. Et que je te fais une entrée comme ceci, et que je te salue comme cela, et que je te montre ma technique, et que j'insiste bien sur les passages difficiles, bref, au lieu d'une fête des amateurs, des amants et des amis de la musique, c'était devenu un concours de parodies du « Grand échiquier » auquel il ne manquait plus que le célèbre « Et Dieu dans tout ça ? » que mon confrère Jacques Chancel dément formellement avoir jamais prononcé.

Et toutes ces contorsions n'avaient pour but que d'avoir un prix. Un prix ! L'homme serait-il ainsi fait qu'il serait prêt à tout pour mettre sur sa cheminée un indescriptible objet d'art qu'il n'aurait même pas l'idée d'offrir en cadeau de mariage à son plus désagréable collègue de bureau, mais qu'il exhibera à la place d'honneur chez lui parce que c'est une ré-com-pense ?

S'il en est ainsi, il faudrait rédiger un nouvel article de la Déclaration des droits de l'homme ; il dirait : « Les hommes naissent tous *ex aequo*. »

Je vous souhaite le bonjour !

8 novembre

Heureux habitants de la Charente et des autres départements français, j'ai devant moi le spectacle préoccupant d'un quinquagénaire chiffonné dont la mine funeste indique qu'il regrette déjà d'avoir dû procéder si tôt à la levée du corps. Guy Bedos était censé illuminer ce matin notre studio de sa présence. Malheureusement, il est éteint. On me dit que demain il sera au Zénith. Ce matin, il est au nadir. Le nadir, ce n'est pas un café arabe. Le nadir est au zénith ce que le périgée est à l'apogée, ou ce que *Libération* est au *Times*.

Hier, mon directeur, un homme de beaucoup d'esprit dont j'aperçois la svelte et élégante silhouette restée si jeune, M. Ivan Levaï, m'avait pris à part : « Demain, coco, dans le huis clos de leur salle de bains, on va leur donner du Bedos. Tâche de nous sortir une info juteuse pour faire ton papier. »

Une info juteuse, j'en avais une. Je l'avais choisie un peu macabre, légèrement équivoque, avec des bons et des méchants faciles à identifier. Puis je l'avais écrite avec beaucoup d'application et un certain raffinement. Mais là, dans cette atmosphère de tombée du lit, je suis découragé.

Vous verriez Guy Bedos comme je le contemple moi-même, vous auriez l'impression de quelqu'un qui a, de son vivant, donné son corps à la science. Ce ne serait pas complètement inutile, et je dois même vous confier que je me suis laissé aller à formuler, à force de voir les spectacles de Guy Bedos, une hypothèse scientifique.

Vous vous souvenez qu'à l'époque de Descartes et de Pascal les savants et les érudits disputaient de la grave question de savoir où, dans notre corps, se situe le siège de l'âme. La majorité d'entre eux décréta que l'âme a son siège dans la glande pinéale, que nous appelons aujourd'hui l'épiphyse. Il me semble qu'avec Guy Bedos on pourrait ajouter à cette découverte une meilleure connaissance du processus qui détermine la couleur de l'âme. Car l'âme n'a pas seulement un siège, elle a une couleur. Contrairement à ce que pensait le regretté professeur Desproges, l'âme de Guy Bedos n'est pas rose. Elle est noire. C'est même une des seules âmes véritablement d'un noir pur. C'est ce qui explique – bien que cela ne justifie rien – la manière dont il parle de Mlle Mireille Mathieu, ou de *Paris Match*, ou de Leurs Altesses sérénissimes les membres de la famille princière de Monaco, parfois même du maître Francis Huster. Or, cette âme noire que Bedos porte dans sa glande pinéale noire a une particularité qui me fait dire qu'en découpant son corps tout de suite, avant que son âme noire ne s'en soit échappée, la science apprendra peut-être quelque chose d'intéressant : l'âme de Bedos, en effet, est de la même couleur que ses pieds.

C'est une découverte pour laquelle je ne réclame pas le Nobel, mais je ne cracherais pas sur un café.

Je vous souhaite le bonjour !

9 novembre

Heureux habitants de la Haute-Loire et des autres départements français, quelques jours avant la chute du mur de Berlin, Margarete Buber-Neumann est morte à Francfort, à quatre-vingt-huit ans. Peu de vies ont été aussi marquées par toutes les horreurs du totalitarisme que la sienne. Son second mari, Heinz Neumann, membre du Parti communiste allemand, avait milité, au début des années trente, pour que ses camarades fassent alliance avec les socialistes et les sociaux-démocrates contre Hitler. Mais telle n'était pas alors la doctrine du Komintern, et les divisions de la gauche, entretenues par la gauche elle-même, l'empêchèrent de faire barrage au nazisme.

Arrêté, Heinz Neumann se réfugia en Union soviétique en compagnie de Margarete. En avril 1937, Staline entreprit une vaste et sanglante purge, et Heinz Neumann disparut. Margarete fut envoyée dans un camp en Sibérie. En août 1939, Molotov et Ribbentrop signent le pacte germano-soviétique. Ils prévoient de se partager la Pologne, et les Russes s'engagent à fournir à Hitler des vivres, des minerais, du carburant et à lui livrer les opposants allemands au nazisme réfugiés en Union soviétique. Margarete Buber-Neumann est donc extraite du Goulag pour être directement remise aux SS et transférée au camp de concentration de Ravensbrück. Celles qui ont partagé son sort dans ce camp ont raconté avec quel courage et quelle générosité elle s'y était comportée. A Ravensbrück, elle se lie d'amitié

avec Milena Jesenská, l'amie et la traductrice de Kafka,
qui mourra à ses côtés en 1944. Margarete Buber-Neumann consacra à Milena Jesenská un livre paru en
France en 1986. C'est à cette occasion, écrit *Le Monde*,
que les Français ont découvert Margarete Buber-Neumann.

Tel n'est pas le cas. Les Français ont découvert Margarete Buber-Neumann en 1949, lorsqu'elle vint témoi-
gner de la réalité des camps soviétiques au procès que
Viktor Kravchenko, l'auteur de *J'ai choisi la liberté*,
avait intenté à un hebdomadaire communiste qui l'avait
traité de faussaire et d'escroc payé par les Américains.
A ce procès plus que retentissant, le seul témoignage
qui fit reculer le déluge de mensonges et de calomnies
proférés par les adversaires de Kravchenko fut celui de
Margarete Buber-Neumann. Le seul argument que
trouva à lui opposer l'un des avocats du journal communiste fut que le camp du Goulag où elle avait été
envoyée par Staline n'était pas vraiment un camp,
puisqu'il n'était pas entouré de barbelés.

Ce qui me frappe dans le fait que même *Le Monde*
ait oublié ce témoignage de Margarete Buber-Neumann, c'est que le procès de Kravchenko fut la honte
de l'intelligentsia française puisqu'il ne se trouva pas
une seule personnalité intellectuelle pour venir à la
barre soutenir que Kravchenko n'était pas un menteur
lorsqu'il décrivait le Goulag.

Aujourd'hui où les vrais menteurs sont balayés par
les peuples, est-ce que notre façon à nous de faire tom-
ber le mur de la honte ne serait pas de nous souvenir
qu'au plus fort de la dictature nous avons longtemps
répondu à ceux qui en témoignaient que nous ne vou-
lions pas le savoir ?

Je vous souhaite le bonjour !

13 novembre

Heureux habitants de la Réunion et des autres départements français, dans le concert de déclarations réjouies qui accompagnent les événements d'Allemagne de l'Est, certaines sonnent d'une manière un peu particulière. Je ne fais pas ici allusion à la profonde satisfaction exprimée par M. Roland Leroy dans *L'Humanité* – et dont les accents de sincérité ne peuvent être imperceptibles qu'à des esprits embarrassés de trop de souvenirs historiques ou, tout simplement, à ceux qui se souviennent qu'il y a quelques semaines *L'Huma* écrivait que les événements de la DDR étaient manipulés par la BRD... Non, je fais plutôt allusion à la réaction que les événements d'Allemagne de l'Est ont provoquée chez certains industriels sud-africains. Ces industriels ont toujours fait de leur mieux pour ne pas avoir à confier des emplois qualifiés à des Noirs, à des Métis, à des Indiens ou à quelque personne colorée que ce soit.

Or, voilà que le vent tourne et que le nouveau président de la République négocie avec les mouvements noirs et que certains compromis semblent se dégager, qui donnent à croire et à espérer que l'apartheid a du plomb dans l'aile. S'il n'est plus possible de déclarer certains emplois réservés aux Blancs, nos industriels risquent fort de se trouver dans l'obligation d'embaucher des Noirs à d'autres postes que ceux de manœuvres ou d'ouvriers peu qualifiés. Pour s'épargner cet outrage, ils ont eu une idée aussi simple que remarquable. Des milliers d'ouvriers et de techniciens qualifiés quittent chaque semaine l'Allemagne de l'Est, se sont-ils dit. Quant à ceux qui restent, leur gouvernement vient de leur donner le droit de sortir quand ils veulent. Vous avez deviné la suite. Nos industriels ont confié à une agence de recrutement de personnel une mission de recherche et d'embauche systématique de réfugiés est-allemands, pourvu qu'ils aient déjà exercé des emplois qualifiés ou très qualifiés.

L'Histoire, qui semble manquer de moins en moins d'ironie, a voulu que cette opération de recrutement d'ouvriers est-allemands ait été lancée au moment où le gouvernement sud-africain, sous la pression des syndicats et des mouvements antiapartheid, reconnaissait le 1er mai comme jour de la fête du Travail et acceptait qu'il soit chômé. Vous allez voir que *L'Humanité* va nous écrire que cela prouve que les événements d'Allemagne de l'Est ont été entièrement téléguidés par Pretoria.

Je vous souhaite le bonjour !

14 novembre

Heureux habitants de l'Aube et des autres départements français, je ne sais pas pourquoi, mais je ne me lasse pas de vous narrer les soucis que cette partie de l'humanité que l'on nomme les femmes cause aux musulmans intégristes. J'ai bien dit « intégristes », au cas où un natif de La Trinité-sur-Mer n'aurait pas tout saisi.

Ainsi, en Jordanie, Mme Toujan Faiçal avait-elle décidé de se présenter aux toutes récentes élections législatives dans son pays. Deux de ses concitoyens, adeptes de l'intégrisme, ont décidé de traduire Mme Faiçal devant un tribunal religieux. Ils demandent à ce tribunal de dissoudre son mariage et de garantir l'impunité à quiconque la fera passer de vie à trépas.

Le principal grief que les deux plaignants ont retenu contre la candidate aux élections législatives est d'aborder constamment dans sa campagne la question des femmes battues et des abus sexuels commis sur des enfants. Il serait en effet regrettable qu'une fraction des populations locales soit obligée de renoncer à ces charmantes coutumes. Cela enlèverait au pays beaucoup de son pittoresque et pourrait peut-être même nuire au tourisme.

Invitée par nos deux plaideurs à soutenir leur cause, la secte des Frères musulmans n'a pas souhaité se porter à leurs côtés devant le tribunal. Mais elle a publié une sévère mise en garde contre les femmes qui se présentent aux élections. Cette mise en garde affirme (je cite) qu'« une telle candidature atteint le même degré de gravité que le fait, pour une femme, de chercher un travail en dehors de sa maison, et relève donc des mêmes sanctions ».

Malheureusement, le journal *Saud al-Shaab*, propriété du gouvernement jordanien, n'a pas suivi les Frères musulmans dans leur effort d'assainissement de la société jordanienne. Il les a même traités dans un déplorable mouvement de colère de (je cite) « ramassis de truands, de maîtres chanteurs et de terroristes qui manient les règles de l'islam comme autant de carottes et de bâtons ». Du coup, le tribunal islamique a rejeté la plainte de nos deux intégristes.

Face à l'incompréhension dont fait preuve à leur égard leur propre gouvernement, j'éprouve un grand soulagement à penser que les Frères musulmans savent qu'en France, comme vient de le montrer l'« affaire du voile », de nombreuses associations et personnalités progressistes sont prêtes à les aider dans leur action d'assainissement.

Je vous souhaite le bonjour !

15 novembre

Heureux habitants du Nord et des autres départements français, peut-être l'ignorez-vous encore dans le huis clos de vos provinciales salles de bains, mais, à Paris, nous avons connu un événement artistique considérable. Le journal *Libération*, arbitre des élégances, lui a consacré pas moins de deux pleines pages, et *Le Monde* – le panthéon des certitudes –, le rez-de-chaussée de sa une. Il s'agit de *Don Giovanni*, l'opéra de Mozart présenté à Bobigny dans la mise en scène d'un Américain, Peter Sellars, où l'action est transposée dans l'univers glauque de Harlem. Comme il n'y aura que sept représentations et que vous risquez de ne pas avoir de place, je vais vous raconter la chose en essayant d'imiter la mise en scène et les décors de Sellars.

Alors d'abord, y a Anna. C'est une nana plutôt bourge. Pas vraiment classe, mais bourge. Elle vient chercher sa came dans le quartier ripou où crèche Giovanni, le dealer qui lui fourgue son héro. Quand elle se pointe, Giovanni a la trique et il se la fait contre le mur. Pas de pot, le père à Anna, qui se gaffait que sa fille devenait naze, lui collait au train en loucedé. Il veut casser la gueule à Giovanni, qui sort son flingue et le bute avant de se tirer. Le jules à Anna, Ottavio, il est vachement colère. Et, comme il est quefli, Giovanni risque de se faire faire une tête.

Elvira, elle, ce serait plutôt le genre qui tapine ou Madonna à la recherche de Mr. Goodbar. Giovanni, elle l'a carrément dans la peau. Elle en peut plus, j'veux dire. Pour l'écœurer, le pote à Giovanni, Leporello, lui sort toutes les photos dégueues que Giovanni a prises des nénettes qu'il s'est farcies, et y en a un pacson.

Masetto, c'est le genre bon nègre prolo, case de l'oncle Tom, qui veut se marier à la régulière avec Zerlina, une boat-people qu'il a rencontrée à la laverie. Seulement, quand Giovanni le quebra avec son 7,65, il est carrément obligé d'y laisser rouler des pelles à sa gonzesse.

Faut dire que Giovanni, c'est pas une tante. A la fin du premier acte, il fait une fête d'enfer avec ses potes qui viennent de taxer l'épicier mex du coin. Pour leur faire voir qui c'est qu'a la plus grosse et qu'est le chef, il se déloque et il part bourriquer la Zerlina en gardant ses chaussettes et un slip que, sur les plages, on appelle un roule-couilles.

Je vous raconterais bien le deuxième acte, mais je n'ai pas tellement regardé la scène. Non que j'aie été distrait par la musique : l'orchestre faisait de son mieux pour qu'elle ne gêne pas la mise en scène. Mes regards ont plutôt été attirés par la salle, qui se trouvait au bord de l'extase. Un public très bien, que des cachemires double fil, des lunettes en écaille véritable et des abonnés à des revues qui ne paraissent que les mois en *r*. Je ne pensais pas que des gens de cette distinction pussent aller jusqu'à Bobigny. Et je pensais moins encore qu'ils aimassent le prolétariat suburbain de couleur au point que cet amour leur tournât la tête et leur pût faire oublier Mozart…

Je vous souhaite le bonjour !

16 novembre

Heureux habitants du XIe arrondissement de Paris et des départements français, comme vous le savez, il est presque aussi difficile à un étranger d'obtenir une carte de séjour en Suisse qu'à un cochon de finir ses jours dans l'assiette d'un ayatollah. Toutefois, comme Genève abrite le siège de la Croix-Rouge et du haut-commissariat aux réfugiés de l'ONU, quelques étrangers poursuivis par la police de leur gouvernement arrivent parfois à trouver refuge en Helvétie. Je ne parle pas des trafiquants de drogue : ceux-là ne sont pas des immigrants, ce sont des clients de banque. Je parle des Roumains qui s'obstinent à ne pas comprendre la grandeur de la politique de Ceausescu, des Panaméens ou des Nicaraguayens antimilitaristes, des Turcs qui ont trop lu Tocqueville, des boat-people qui ont organisé des croisières et, d'une manière générale, de tous ceux qui ont dû quitter précipitamment leur pays avec la police politique aux trousses et sans même une brosse à dents.

Certains de ceux-là obtiennent le statut de réfugié. Mais, comme vous le savez, les Suisses aiment l'ordre et la propreté, ils ont donc tendance, pour éviter que ces réfugiés ne fassent tache dans le paysage, à les répartir dans les différentes communes d'Helvétie. Beaucoup de ces communes ont refusé cette répartition, au motif que les réfugiés leur paraissent dangereux pour les femmes – surtout lorsqu'ils en sont privés – et susceptibles de trafiquer de la drogue, mais pas sur une échelle qui leur permette d'ouvrir un compte numéroté.

Des habitants de la commune de Muri ont, quant à eux, trouvé un motif encore plus grave pour refuser d'accueillir les réfugiés. Il est question de construire, à Muri, un centre d'hébergement à côté du club de tennis. Une pétition circule pour qu'il n'en soit rien, car (je cite) « le bruit pourrait déranger la concentration des joueurs ».

Cette objection ne manque pas de pertinence. Le réfugié n'est pas seulement, en effet, un pauvre dépourvu de manières. Il vient fréquemment d'un pays peu développé où, faute de télévision, les gens ont conservé l'habitude déplorable de se réunir pour converser, voire pour chanter en tapant dans leurs mains ou sur une casserole. Et, comme le réfugié est souvent mélancolique, il lui arrive plus qu'à d'autres d'empoigner sa casserole ou même une guitare achetée avec le pécule donné par l'ONU et d'entamer des mélopées pleines de nostalgie et de décibels. Imaginez que vous soyez en train de mener 7-5, 4-6, 6-4, 6-5 et qu'au moment de votre service un réfugié mélancolique se mette à bramer : « Aïe aïe aïe, mon pays, aïe, aïe, aïe... » Leconte lui-même a perdu des matches pour moins que ça.

Vous me direz, on pourrait trouver un compromis. Les réfugiés viennent souvent de pays chauds : ils font donc la sieste. Pendant qu'ils dorment, les habitants de Muri pourraient jouer au tennis sans être déconcertés. Je vous remercie de cet effort de conciliation, mais je ne pense pas que ça marcherait. J'ai connu pas mal de réfugiés et j'ai remarqué que, même en dormant, ils sont bruyants et poussent fréquemment de grands cris. Allez savoir pourquoi, mais le réfugié fait souvent des cauchemars.

Je vous souhaite le bonjour !

17 novembre

Heureux habitants de la Haute-Corse et des autres départements français, il vous est sûrement revenu aux oreilles que le Parti communiste italien, ébranlé par le sentiment de défiance que les populations concernées semblent manifester à l'égard des régimes se réclamant du communisme, a décidé de changer de nom.

Pour opportune, peut-être même opportuniste, qu'elle puisse être, cette décision n'en plonge pas moins les communistes italiens dans un vaste embarras, l'embarras du choix d'un nom nouveau. Certains militants ont proposé d'appeler leur mouvement « Nouveau Parti communiste ». La proposition ne sera pas retenue : il ne s'agit pas que le parti se présente comme nouveau ; il s'agit qu'il se défasse de l'épithète communiste. Cependant, il doit trouver un nom qui montre qu'il reste à gauche. Pas moyen de choisir une appellation où figure le mot « socialiste » : des partis « socialiste » ou « socialiste plus un adjectif », l'Italie en possède déjà autant que de sortes de pâtes. Quelques militants ont donc proposé « Parti du travail ». L'idée n'a pas paru bonne : non pas que les Italiens se méfient du travail, mais, comme une bonne part de l'électorat communiste est constituée de retraités, beaucoup pensent qu'ils auraient le sentiment d'être exclus. D'autres ont donc proposé le nom de « Parti démocratique », mais certains de leurs camarades pensent que le changement serait un peu gros. « Parti du progrès » semble avoir la faveur de beaucoup. Ils ont pour eux cette phrase du conventionnel Hérault de

Séchelles, qui proclama, en 1793 : « On ne fait de grands progrès qu'à l'époque où l'on devient mélancolique » – et Dieu sait si la mélancolie gagne dans les rangs communistes ! Je me demande même s'il ne conviendrait pas d'adopter comme nouvelle appellation celle de « Parti mélancolique ».

Quoi qu'il en soit, les communistes italiens ont encore la bonne fortune de pouvoir compter sur quelques bataillons d'électeurs, à l'inverse de leurs camarades français, qui vont probablement avoir, eux aussi, à changer un de ces jours le nom de leur parti. Compte tenu de la fonte de l'électorat communiste en France, il m'était venu à l'idée de proposer à Georges Marchais de rebaptiser le Parti communiste « Parti sans laisser d'adresse ». Mais on ne sait jamais : l'Histoire est un balancier, et sans doute vaudrait-il mieux choisir un nom à double sens qui permettrait, si le balancier revient, d'être prêt à dire qu'on l'avait prévu. C'est pourquoi je suggère aux dirigeants communistes français qui sont sur le point de se réunir d'appeler désormais leur formation « Parti pour un monde meilleur »...

Je vous souhaite le bonjour !

20 novembre

Heureux habitants du IVe arrondissement de Paris et des départements français, je ne dis pas ça pour me vanter, mais, cette semaine, j'ai lu un livre. Oh, pas un gros, un petit de soixante-dix pages, imprimées plutôt large. Il est de Patrick Süskind, l'auteur du *Parfum*, il s'appelle *La Contrebasse* et il est publié par M. Fayard.

C'est un monologue, le monologue d'un contrebassiste de trente-cinq ans employé par un orchestre symphonique ; un contrebassiste raté qui explique qu'il n'y a que des contrebassistes ratés, parce que les contrebassistes sont les prolétaires des orchestres, les soutiers de la musique symphonique. Les contrebasses constituent le fondement, le plancher sonore sur lequel tous les instruments, seuls ou ensemble, peuvent venir faire leurs intéressants. Mais les contrebasses n'ont jamais d'autre perspective que celle de servir de faire-valoir aux autres pupitres.

Si vous voulez comprendre comment fonctionne un orchestre symphonique, alors lisez *La Contrebasse*, de Patrick Süskind, chez M. Fayard. Évidemment, vous vous en doutez, ce n'est pas seulement un livre sur la musique ou sur un instrument de musique, c'est l'histoire d'un homme de trente-cinq ans qui s'aperçoit que sa vie est jouée et qu'elle n'est pas brillante. Et qu'est-ce qu'on peut faire quand on a devant soi la perspective d'être un quatorzième couteau toute sa vie mais qu'on évolue dans un milieu où passent des stars internationales, de grands chefs d'orchestre, des solistes fameux, des chanteuses et des chanteurs qui sont photographiés par les magazines populaires ? Si l'on est seulement un contrebassiste, même très bon, aucun magazine populaire ne viendra jamais vous photographier, et il faudra se contenter de bien jouer de son instrument ingrat. Comme le remarque notre monologuiste, il n'y a pas de promotion pour les contrebassistes : le meilleur virtuose de la contrebasse n'est pas promu premier violon ou pianiste soliste, il reste à son pupitre et doit se contenter de servir la soupe aux autres. Dans les époques reculées d'avant la publicité et la médiatisation, ce pouvait être une gloire que de servir. Une gloire intime, mais une gloire. Aujourd'hui, est-ce qu'on peut demander à un banquier d'être heureux de son sort s'il n'a pas sa photo dans *VSD* ? A un journaliste d'agence qui crapahute sur le terrain de ne pas vouloir être Hervé Claude ? A un contrebassiste de se contenter de tisser la trame sur laquelle d'autres vont venir broder ?

A mon avis, on ne peut pas. Ou alors de moins en moins. C'est pourquoi notre contrebassiste prépare une grosse bêtise. Pour faire parler de lui et impressionner une femme, ça va de pair. Le contrebassiste a compris que le héros du monde moderne est un Grec mort depuis vingt-deux siècles, le nommé Érostrate. Érostrate habitait Éphèse, et il se désolait de rester obscur. Alors, pour sortir de son anonymat, il mit le feu au temple d'Artémis, l'une des sept merveilles du monde. Et de fait, aujourd'hui encore, il arrive que l'on parle d'Érostrate, le matin, sur France-Inter...

Je vous souhaite le bonjour !

21 novembre

Heureux habitants du Calvados et des autres départements français, la supériorité de la civilisation américaine n'est plus à démontrer depuis longtemps, ce qui fait que, si nous n'y prenons pas garde, nous finirons par ne plus remarquer à quel point cette supériorité s'affine et se perfectionne constamment.

Ainsi, par exemple, les Étatsuniens procurent-ils à leurs enfants les soins les plus attentionnés. Ces dernières années se sont ouvertes à New York, dans les clubs de gymnastique et de remise en forme, des annexes pour nouveau-nés et bébés qui ne marchent pas encore. Ainsi, pendant que la maman se sculpte les quadriceps et les dorsaux, et que le papa se refait des abdoms, leur toute récente progéniture, livrée aux mains d'experts en gymnastique infantile, se prépare à affronter la vie avec des pectoraux d'acier et des abdoms de bronze.

Mais qu'est-ce qu'un corps sculpté si l'esprit qu'il contient peu ou prou reste une chose flasque ? Entre 10 et 15 % des enfants en bas âge souffrent de dépression, affirme le Dr. Justin Call, de l'université de Californie. Et, si l'on peut faire faire de la gymnastique à des enfants avant qu'ils ne marchent, on peut bien les psychanalyser avant qu'ils ne parlent. Vous doutez ? Ne doutez plus. Le nouveau-né n'est pas rhéteur, c'est là son moindre défaut, mais, s'il ne cause pas, il s'exprime quand même. Pour savoir, par exemple, s'il est déprimé, il suffit de lui coller des électrodes sur le front

pendant son sommeil. Ensuite, on analyse la courbe.
Ou alors on compte le nombre de fois où le bébé
recrache tout ou partie du contenu du biberon. Selon le
Dr. Justin Call, toutes ces mesures démontrent que « les
enfants en bas âge ont les mêmes possibilités de déséquilibre psychique que les adultes ». Bonne nouvelle !

Une fois mesuré ce déséquilibre, on interroge les
parents sur leur mode de vie et on dresse une liste des
principales causes de la dépression de leur nourrisson.
Si une mère qui allaite a des angoisses professionnelles,
le nourrisson est déprimé. Si les parents se disputent
devant le bébé en croyant qu'il ne comprend pas, il sera
plus abattu que le regretté Gérard de Nerval. Mais le
pire, la cause majeure des dépressions les plus abyssales
chez l'enfant en bas âge, c'est le baby-sitting. Confier
son petit à un(e) inconnu(e) pour sortir en douce, alors,
là, c'est l'assurance absolue d'un enfant si déprimé qu'à
côté de ce qu'il pourra dire quand il sera grand les
romans de Claude Simon auront l'air d'un spectacle du
cirque Archaos.

Les mères et les pères américains vont donc devoir
renoncer à confier leurs enfants à des baby-sitters. Le
seul vrai problème que cela pose, c'est qui va garder le
bébé pendant que ses parents sont chez le psychana-
lyste ?

Je vous souhaite le bonjour !

22 novembre

Heureux habitants de la Haute-Garonne et des autres départements français, un auditeur attentif et érudit, M. Georges Liébert, m'envoie la photocopie d'une série d'articles parus dans le journal *Libération* en 1954. Ce *Libération*-là n'était pas le quotidien chic et parisien que nous connaissons aujourd'hui et qui arbitre les élégances, mais un journal proche du Parti communiste et dirigé par le résistant Emmanuel d'Astier de La Vigerie.

Du 15 au 20 juillet 1954, le journal *Libération* publia une série d'entretiens avec un philosophe et écrivain qui revenait d'un voyage en Union soviétique.

« Le citoyen soviétique, déclarait l'écrivain au début de ces entretiens, possède à mon avis une entière liberté de critique. » Il ajoutait : « Mais il s'agit d'une critique qui ne porte pas sur les hommes, mais sur les mesures. »

Interrogé un peu plus loin sur ce qui l'avait frappé dans la manière de vivre de l'homme soviétique, le philosophe indiquait (je cite) que « faire partie de l'élite chez les Soviets, c'est devoir être toujours prêt à répondre à de dures exigences. Les membres de l'élite sont surtout honorés, respectés, considérés comme des citoyens qui ont obtenu les avantages dont ils jouissent par leur mérite. Inversement, on est d'autant plus exigeant à leur égard ».

Invité à risquer quelque pronostic sur l'avenir, le philosophe hasarda que (je cite toujours) « vers 1960, si la France continue de stagner, le niveau de vie moyen de l'URSS sera de 30 à 40 % supérieur au nôtre ».

Enfin, à la question : « Pensez-vous que la société française, à la suite d'une révolution, ressemblerait à la société soviétique ? », la réponse fut : « C'est difficile à dire. Mais je peux vous donner une simple impression. J'ai passé très peu de temps à Prague, et il m'est apparu que Prague était déjà très différente de Moscou. Je ne sais pas, c'est peut-être une question géographique, mais le climat était très différent. »

L'auteur de ces déclarations n'était pas n'importe qui. Peut-être l'avez-vous déjà reconnu : il s'agissait de Jean-Paul Sartre. Je n'ai pas exhumé ses propos, ce matin, pour donner des coups de pied à un mort, surtout à un mort que beaucoup d'entre nous ont longtemps aimé et dont ils ne se sont départis qu'à grand-peine. Non, simplement, comme il semble que, depuis une dizaine de jours, beaucoup de gens souhaitent avoir chez eux un petit morceau du mur de Berlin en souvenir, je me suis dit que, si j'évoquais pour vous ce refus de voir et ce besoin de croire qui ont tant marqué notre siècle, vous auriez peut-être l'impression qu'on vous fait cadeau d'un petit bout du rideau de fer.

Je vous souhaite le bonjour !

23 novembre

Heureux habitants du XXe arrondissement de Paris et des départements français, le monde contemporain est ainsi fait que les reconversions y sont nombreuses et que certaines personnes qui semblaient vouées à une vie toute de réserve et de discrétion se trouvent contraintes à des activités que l'on pourrait presque qualifier de contre nature.

Ainsi, comme vous l'avez vu à la télévision, une religieuse britannique a-t-elle dû disputer un championnat de billard pour récolter l'argent nécessaire à la réfection de son couvent. Dans un genre que j'oserais qualifier de voisin, un militant italien du Parti communiste en rupture avec ses camarades vient de se reconvertir à la vie civile en ouvrant une école qu'il a baptisée l'« école du *Latin Lover* », de l'amant latin.

Piero Gaeta, c'est le nom de ce philanthrope, se propose, si l'on en croit son prospectus, de recevoir des jeunes gens à l'orée de leur vie amoureuse et de les transformer (je cite) en « vrais hommes ». Évidemment, devenir un vrai homme n'est pas à la portée de n'importe quel individu, même de sexe masculin. Piero Gaeta n'accepte les élèves qu'après les avoir soumis à des tests rigoureux. Rassurez-vous, il ne s'agit pas d'épreuves physiques, mais seulement d'un questionnaire, dont je vous livre trois questions :

• Êtes-vous davantage excité (pardonnez-moi la crudité du mot) par une femme qui :

    1. vous fait réfléchir
    2. vous amuse
    3. provoque en vous la transformation de certains corps caverneux (ce n'était pas dit comme cela, mais enfin...)

- Trouvez-vous repoussante :
    1. une femme forte
    2. une femme obèse
    3. une femme ignorante

- Pour draguer, utilisez-vous plutôt :
    1. votre ruse
    2. votre richesse intérieure
    3. votre sourire
    4. votre intelligence

Bien entendu, je possède les bonnes réponses, mais vous me pardonnerez de ne pas vous les donner : si nous devenons tous de vrais hommes – je parle à la moitié la plus intéressante de mes auditeurs –, qu'est qu'il me reste comme chance de me caser ? Remerciez-moi déjà de ne pas vous donner des réponses erronées.

Ne croyez pas, d'ailleurs, que ces tests soient une pure formalité. La dernière promotion de l'école du *Latin Lover* ne comprenait que 15 élèves alors que pas moins de 100 postulants s'étaient présentés aux épreuves éliminatoires. Les 15 heureux élus ont eu droit à des cours méthodiques consacrés aux techniques de l'approche, du contact, de la mise en confiance, de la conversation et de tout ce qui peut conduire à l'apothéose. Ces cours sont accompagnés d'exercices pratiques, effectués avec la collaboration de deux jeunes femmes, et filmés en vidéo.

Selon le maestro Piero Gaeta, le meilleur élève est celui qui, dépassant la simple satisfaction de ses instincts, parvient (je cite), « par l'attirance de l'esprit et de la beauté intérieure, à atteindre l'orgasme céré-

bral ». Il me semble que l'on peut d'autant plus facilement croire sur parole le maestro Gaeta que, lorsqu'un
journaliste lui a demandé pourquoi il avait installé son
école en Sicile, il lui a répondu : « C'est pour pouvoir
plus souvent rendre visite à ma mère... »

Je vous souhaite le bonjour !

24 novembre

Heureux habitants de la Loire et des autres départements français, une récente campagne télévisée, qui n'est d'ailleurs pas la première ni, je l'espère, la dernière, s'est donné pour but de nous rappeler que les handicapés sont les mêmes êtres humains que vous, moi et Jacques Pradel. Rien n'est plus vrai, et rien ne doit être répété et illustré plus souvent : tous les hommes sont pétris dans la même glaise.

Ainsi, par exemple, on vient d'apprendre qu'à Shanghai une association de sourds-muets se réunissait clandestinement pour regarder des vidéos pornographiques. Cette association non déclarée regroupait environ 70 membres, tous sourds-muets, bien sûr, qui s'approvisionnaient régulièrement en nouvelles cassettes dans la capitale de l'industrie vidéo-pornographique chinoise, une ville du Sud-Est de la Chine qui porte le joli nom de Shishi.

Comme les 70 membres de l'association des sourds-muets n'en faisaient guère... de chichis – et je dédie ce pitoyable calembour à mon confrère Denis Astagneau, qui non seulement présente le journal de 7 heures, mais encore calembourbe les couloirs de la rédaction dès 3 heures du matin... Et comme, disais-je, les 70 sourds-muets n'étaient pas regardants, une part croissante de leurs séances collectives de visionnage était consacrée à des vidéos à caractère sado-masochiste. A l'issue de ces rencontres, nos 70 compères avaient instauré une tradition charmante et conviviale : celle de jouer ensemble aux cartes. Leurs parties présentaient deux différences avec la fameuse partie de Pagnol : on y entendait voler une mouche et on y jouait avec des cartes décorées chacune d'images particulièrement lestes.

Je vous ai raconté cette histoire à l'imparfait parce que la police de Shanghai a mis fin à ces réunions qui ne dérangeaient personne et jeté en prison 14 des membres de l'association clandestine des sourds-muets pornophiles, dans le cadre de la campagne d'extirpation de la pornographie lancée après le printemps de Pékin.

Il est vrai que, depuis cette date, en Chine, si l'on en croit les nouvelles, la police a tellement de sollicitude pour les handicapés qu'il lui arrive de plus en plus souvent d'en fabriquer elle-même, dans ses cellules de garde à vue.

Je vous souhaite le bonjour !

27 novembre

Heureux habitants de l'Aisne et des autres départe-ments français, rien n'est plus répandu dans le monde que l'envie d'empêcher son prochain de vivre, et peu de choses sont aussi impressionnantes que l'ingéniosité des bureaucrates en ce domaine. Si l'on établissait un clas-sement des pays en fonction du caractère tatillon ou absurde de leur réglementation, il me semble, sans sous-estimer la France, que Singapour pourrait se situer dans le peloton de tête. Les risques d'y être condamné à une amende y sont, en effet, presque aussi nombreux que les gestes de la vie quotidienne.

Fumer ou cracher en dehors des lieux autorisés et réservés : une amende. Ne pas nettoyer des cabinets publics après usage : une amende. Il existe même une amende d'environ 500 francs prévue pour le cas où une personne utiliserait un ascenseur au-delà ou en deçà de l'étage de sa destination.

Le gouvernement singapourien semble avoir exploré les moindres recoins de la vie quotidienne pour y dénicher des motifs de procès-verbal. Ainsi, la semaine dernière, Mme Suvina Cheong est-elle deve-nue la première Singapourienne à faire les frais d'une nouvelle loi interdisant aux automobilistes de quitter le pays avec un réservoir d'essence contenant une quan-tité de carburant inférieure à la moitié de la capacité dudit réservoir. Dois-je vous la refaire autrement ? Il est, désormais, interdit de quitter Singapour avec une voiture dont le réservoir ne soit pas au moins à moitié

plein. Si votre jauge révèle la faute, l'amende sera de
1 500 francs. Et, si votre jauge est trafiquée ou en
panne, vous pourrez choisir entre une amende de
15 000 francs et trois mois de villégiature à la prison de
Changi. Le seul but de cette loi singapouroise, mais
apparemment kafkaïenne, est d'empêcher les automobilistes d'aller s'approvisionner en essence dans les
stations-service de la Malaisie voisine, où le pétrole,
n'étant pas alourdi des mêmes taxes, se trouve considérablement moins cher.

Une fois de plus, il nous est donné de nous émer-
veiller de ce que l'esprit humain est capable d'inventer
pour empoisonner notre court séjour à la surface de
cette planète. Cela dit, il n'est pas sûr que Singapour
représente le top en cette matière : sur l'autoroute qui
mène de Johannesburg à Pretoria, un prêtre qui avait
garé sa voiture sur la bande d'arrêt d'urgence pour
administrer les derniers sacrements à la victime d'un
accident de la route a été condamné à 2 200 francs
d'amende pour stationnement abusif.

On aurait donc tort de mettre des limites à la Provi-
dence.

Je vous souhaite le bonjour !

28 novembre

Heureux habitants du XVᵉ arrondissement de Paris et des départements français, peut-être avez-vous été frappés par les reportages sur des sujets très différents diffusés par la télévision de ces derniers jours, et qui ont en commun le fait de présenter un homme ou une femme passant aux aveux et, le plus souvent, réclamant le pardon.

On aura ainsi d'abord vu le policier responsable de la brutalissime répression des manifestations pour la démocratie à Prague se présenter devant la foule et demander la rémission de ses péchés, rémission qu'il a d'ailleurs obtenue, ce qui ne fut pas le moment le moins émouvant de ces images. Ensuite est venu Ben Johnson, l'athlète canadien, avouant aux caméras que, depuis toujours ou presque, il était dopé jusqu'aux oreilles et qu'il n'avait cessé de ruser avec les contrôles. Puis est venue Kristiane Knacke, ci-devant nageuse est-allemande, championne du monde du 100 mètres papillon et défigurée pendant des années par la prise de prétendues vitamines qui la faisaient ressembler au fruit de l'improbable union entre un chauffeur routier vu par un feuilleton télévisé et une hippopotame. A vrai dire, elle avait assurément davantage à pardonner qu'à se faire pardonner.

Dépêchons-nous de partager ces moments d'émotion avant que cela ne devienne un truc publicitaire. Déjà, sur une radio commerciale concurrente et néanmoins juste avant nous dans les sondages pour quelques mois encore, les hommes politiques se sont, cet été, disputé le privilège de venir raconter leur plus grosse sottise. On aura d'ailleurs pu observer qu'ils avaient tendance à gonfler l'importance d'une moyenne sottise plutôt que de raconter vraiment la plus grosse. Je ne serais pas surpris, eu égard au panurgisme qui gouverne le monde de la communication, que les publicitaires incitent prochainement leurs clients à mettre en avant leurs échecs ou leurs turpitudes pour mieux vendre leurs produits. Comme je n'ai pas le droit de vous dire des noms de marque, je m'en vais tâcher de vous bricoler un exemple transparent.

Imaginons donc que nous verrions et entendions des spots du genre : « La compagnie pétrolière Seagull Killer tient à présenter ses excuses à la population côtière bretonne et se repent amèrement des dégâts consécutifs au naufrage de son navire. » Pour achever l'impression d'authenticité, je suggère, avant et après cette déclaration, des images de goélands emmazoutés jusqu'au bec illustrées musicalement par le « Lux perpetua » du *Requiem* de Verdi. L'idée est applicable à presque tous les produits : tel constructeur d'avions a raté une série, tel fabricant de denrées alimentaires a truqué ses étiquettes, tel promoteur immobilier a battu des records de malfaçons. Si Jacques Séguéla m'écoute au lieu d'écouter la station concurrente, et derrière nous dans les sondages pour un bon bout de temps, dont il a fait la campagne publicitaire, les écrans de pub de la télévision vont devenir un confessionnal. Malheureusement pour nous, les organes d'information, nous n'avons, même en cherchant bien, aucune erreur, fût-elle minime, à avouer. Sans doute, jadis, notre confrère de l'après-midi, qui pourrait s'intituler « le panthéon des certitudes », s'est-il mis le doigt dans l'œil jusqu'à l'omoplate à propos du Cambodge et des Khmers rouges ; sans doute notre confrère du matin, que vous reconnaîtriez sous le nom de « l'arbitre des élégances », a-t-il l'habitude non seulement de prendre Le Pirée

pour un homme, mais encore de publier une interview
de lui ; mais je me dois de vous rappeler que nous
autres, journalistes, ne commettons pas d'erreur : il
arrive que notre bonne foi soit surprise.

Je vous souhaite le bonjour !

29 novembre

Heureux habitants de la Vienne et des autres départements français, la perméabilité des chaînes de télévision européennes aux programmes américains augmente de mois en mois, pour le meilleur et pour le pire. Je vous laisse d'ailleurs le soin de choisir la rubrique dans laquelle classer cette nouvelle : la chaîne Rete Mia, qui émet dans l'Italie du Nord, diffuse désormais des programmes de téléprédication hebdomadaires. La téléprédication, aux États-Unis, connaît un succès considérable et constant. On peut y voir des pasteurs, dont certains appartiennent à des Églises dont les origines sont incertaines, commenter librement la Bible devant une foule de téléspectateurs et de nombreuses caméras de télévision. Le commentaire de la Bible est à peu près toujours structuré de la même façon. Le pasteur martèle à son public qu'il constitue un ramassis de pécheurs particulièrement peu ragoûtant à observer. Puis, lorsqu'il a bien enfoncé le clou, il saute comme un cabri, monte sa voix d'un bon octave et annonce que, si répugnants que soient ses contemporains, Jésus va les sauver. Entre les deux parties du sermon, on entend généralement un orgue vomir un fleuve de musique sucrée, et, parfois, un enfant impubère vêtu d'une robe blanche roule les yeux en dedans et brame une mélopée mellifue du genre *Dans les bras de Jésus*... Le pasteur, après avoir glapi à son public que Jésus va lui laver l'âme, y compris là où il y a un nœud qui cache les taches, et qu'après tout ira mieux car il utilise Jésus antiredéposition, le pasteur donne son numéro de compte en banque.

De temps en temps, les caméras se tournent vers le public. On y voit beaucoup de dames qui ressemblent à des bonbonnes de crème glacée couverte de chantilly et des messieurs qui font penser aux dessins de Dubout. Au fur et à mesure de la téléprédication, la chantilly coule et la crème glacée fond sur le dessin de Dubout. On peut ne pas être survolté par l'esthétique de la chose, mais on ne saurait lui dénier son pittoresque. Rappelons pour corser la sauce que, très régulièrement, l'un des téléprédicateurs est pris en flagrant délit d'adultère, ou de fraude fiscale, ou les deux ensemble.

Ces spectacles édifiants, les Italiens peuvent désormais les contempler sur Rete Mia. Mais Rete Mia n'est pas une chaîne comme nous les connaissons. C'est une station qui loue ses heures d'antenne à différents producteurs de programmes dont les émissions se succèdent. Ainsi la société TBNE loue-t-elle une heure d'antenne hebdomadaire, à 21 heures, pour diffuser la téléprédication du pasteur Chuck Hall, qui parle l'italien avec un délicieux accent du Texas, aidé de son épouse, Nora Latini, qui a une façon bien à elle de promettre des châtiments terribles à tous ceux qui ne se décideraient pas à changer de vie. Juste après leur dernière téléprédication qui se terminait par la lecture de l'Évangile selon saint Jean – chapitre XIV, verset 6 –, Rete Mia a diffusé un spot publicitaire pour le prochain spectacle de Moana Pozzi, qui exerce en Italie le même métier que la Cicciolina, puis un film intitulé *Fratelli d'Italia*, qui n'était pas à proprement parler sur la vie de saint François d'Assise, ou alors on m'en a caché bien des aspects.

C'est ainsi que les Italiens ont amélioré la téléprédication à l'américaine : en fournissant aux téléspectateurs la possibilité de se repentir de leurs péchés puis de pécher à nouveau, ils ont inventé le mouvement perpétuel. *Deo gratias.*

Je vous souhaite le bonjour !

30 novembre

Heureux habitants de l'Indre et des autres départements français, à votre âge, vous ne croyez plus au Père Noël et vous savez sans doute qu'une fourmi de 18 mètres avec un chapeau sur la tête, ça n'existe pas.

Il se peut que vous n'ayez pas raison, et je m'en vais vous donner quelques motifs de douter. Premièrement, en Chine, dans la province du Sseu-tch'ouan, une jeune fille de quinze ans a été attaquée par un python. Ceci n'est rien. Ce qui est quelque chose, c'est que, bien que le python fût, selon les témoins, plus large qu'un bol de riz, la jeune fille en est venue à bout en le mordant jusqu'à ce qu'il trépasse. Ceci est quelque chose, mais ce n'est rien en comparaison du fait que, pendant les trois mois qui ont suivi la mise à mort du python, la jeune fille a présenté une particularité dermatologique inhabituelle chez les jeunes filles, même chinoises : la jeune Lian Lian a vu, en effet, sa peau se détacher depuis la poitrine jusqu'aux pieds et une nouvelle peau remplacer la vieille – si l'on peut parler de vieille peau à propos d'une jeune fille de quinze ans, même lorsqu'elle se met à muer après avoir mordu un serpent.

Bien que cette nouvelle soit confirmée par les agences de presse les plus sérieuses, je reconnais que vous pouvez la révoquer en doute. Tel n'est pas le cas de la seconde information que je vais vous donner. Les marins, les stratèges et les experts militaires savent que les renseignements les plus fiables publiés dans le monde à propos des différentes marines de guerre et des mouvements de personnel chez leurs officiers et officiers supérieurs sont fournis par une revue spécialisée anglaise, la *Jane Fighting Ships*. Aucun lancement de navire militaire, aucune promotion dans la marine n'échappe aux observateurs de cette revue hautement spécialisée.

La semaine dernière, la *Jane Fighting Ships* a ainsi annoncé l'élévation au rang et appellation de contre-amiral d'un certain nombre d'officiers supérieurs des marines argentine, chilienne, bolivienne et péruvienne. Ceci n'est rien, me direz-vous, et il n'y a pas de quoi nous tirer du lit ou nous troubler dans le huis clos de nos salles de bains chaque fois que l'on nomme un contre-amiral. Vous n'avez pas tort, mais ce qui est quelque chose, si vous voulez bien jeter un œil à votre mappemonde, c'est que la Bolivie, qui a nommé deux contre-amiraux, est un pays totalement dépourvu d'accès à la mer. Mais l'homme politique se doit de tout prévoir.

Je vous souhaite le bonjour !

1er décembre

Heureux habitants du Morbihan et des autres départements français, il n'y a plus de loups en Corrèze. Une légende locale prétend que le dernier s'est jeté du haut du rocher de Ventadour, au pied du château. Entre Saint-Yrieix-le-Déjalat et Lamazière-Basse, on aime à ajouter que ce saut funeste pourrait bien avoir été un suicide. Après tout, on a assez prêté aux hommes, politiques ou non, des comportements de loups pour oser prêter à un loup les sentiments d'un homme.

Quoi qu'il en soit de l'imagination des Corréziens, on n'entendit plus parler de loup dans le département jusqu'en 1967, année où Jacques Chirac débaula dans la circonscription d'Ussel, avec la bénédiction de Georges Pompidou, qui avait décidé de lâcher quelques jeunes spécimens de sa meute sur des terres où paissaient en toute quiétude de vieux socialistes à l'engrais et quelques radicaux que la lutte des classes ne préoccupait guère plus que l'excès de cholestérol.

Jacques Chirac n'en fit qu'une bouchée et croqua comme une friandise un adversaire nommé Mitterrand mais seulement prénommé Robert, frère de l'autre. Il est vrai que ce Mitterrand-là, au cours de ses tournées électorales, réclamait du thé aux bistrots corréziens, boisson qu'ils ne délivrent que sur ordonnance et à un homme ayant préalablement reçu l'extrême-onction.

Voilà donc plus de vingt ans que Jacques Chirac est un homme public. Pourtant, le public n'arrive pas à le situer. Ses biographes et les journalistes attachés à sa suite souli-

gnent d'ailleurs unanimement et jusqu'à saturation que
Jacques Chirac est tout, sauf ce qu'il a l'air d'être. Les
illustrations de ce mouvement perpétuel abondent. Son
maintien est prussien, alors que c'est un joyeux compa-
gnon. Il joue les M. Prudhomme, mais s'intéresse à la lit-
térature russe, à l'art chinois, à la civilisation perse et à la
philosophie indienne comme peu d'hommes de son
milieu et de sa formation. Il se fait photographier avec
Madonna et Mireille Mathieu – ce qui n'est peut-être
qu'une affaire de relations publiques –, mais il ajoute
qu'il aime leurs chansons, tandis qu'il garde dans sa
bibliothèque personnelle plus de quatre cents livres sur
les divinités de l'Inde. Il a fondé naguère l'association de
ceux qui n'aiment pas la musique et n'ont pas peur de le
dire, mais il a toujours soutenu l'action de Marcel Lan-
dowski, l'un des hommes qui ont le plus fait pour la diffusion de la musique en France. Il n'est pas sûr qu'en Algérie il ait été opposé à la torture, mais il a voté la
suppression de la peine de mort. Il a fait élire ses troupes,
en 1985, sur un programme libéral reaganien, mais c'est
lui qui, en 1967, a inventé l'ANPE et le traitement social
du chômage. Cet homme, qui lit volontiers les poètes
raffinés et passe pour avoir commis des vers, a personnellement choisi pour l'aménagement du centre de Paris le
projet qui est devenu le Forum des Halles, dont l'esthétique peut faire regretter qu'Attila soit mort. D'ailleurs,
ce Forum, les Japonais l'achètent les yeux fermés. Il
s'apprête même à transformer le dernier quartier populaire du centre de Paris, de la rue Montorgueil au Sentier,
en une sorte de boulevard Saint-Michel livré aux fripiers
japonais (encore !), aux fast-foods et aux dealers.

On aura compris que la question qui peut être posée à
l'ancien Premier ministre qui nous fait aujourd'hui l'honneur de sa visite n'est pas : « Jacques Chirac, qui êtes-
vous ? », mais « Jacques Chirac, combien êtes-vous ? » Et
j'ajouterai même : « A votre avis, lequel va gagner ? »

Je vous souhaite le bonjour !

4 décembre

Heureux habitants du Gers et des autres départements français, ce n'est pas pour me vanter, mais j'ai un
ami canadien qui vit à Vancouver, sur la côte Pacifique,
où il est né et où il est doyen de la faculté des sciences
politiques. Il passe pour un bon spécialiste des relations
américano-chinoises, mais il ne connaît pas grand-chose
à l'Europe. Samedi dernier, il a débarqué à Paris pour
quelques jours avec sa femme – une Chinoise de Hong
Kong – et leurs deux enfants. Pour parfaire son français
et se mettre au courant de nos affaires, il écoute
France-Inter et il lit deux quotidiens chaque jour. Hier
soir, nous avons dîné ensemble.
– Le Front national, me dit-il, c'est une nouvelle
partie ?
Je lui réponds que non, c'est un parti qui a une
dizaine d'années.
– Ah ! Et cet parti, il n'a jamais eu des députés ? Cet
dame de Dreux, c'est sa première ?
– Non, lui réponds-je. Le Front national a déjà eu
des députés en 1986 et encore une élue en 1988. Et, à la
dernière élection présidentielle, son candidat a récolté
près de 15 % des voix.
– How ! me fait-il avec l'air d'avoir trouvé une
mouche dans son bordeaux, c'est beaucoup. Mais vous
parlez tellement de cette dame de Dreux que j'avais
croyé qu'elle fût une surprise.
Alors je lui résume la situation. Je lui explique que
la crise a laissé beaucoup de petites gens sur le carreau

et qu'ils expriment leur désarroi et leur mécontente-
ment en votant pour le parti de M. Le Pen.

– OK, me dit-il, c'est un extrémiste parti, n'est-ce
pas ?

– Oui, oui, tout à fait, c'est un extrémiste parti.

– Et il a des nombreux militants ?

– Assez nombreux, oui, et très actifs, surtout là où
habitent les gens dont je parlais tout à l'heure.

– Et M. Chirac qui était dans votre radio, ce n'est
pas un ami de M. Le Pen ?

– Non, lui dis-je, ce n'est pas.

– Et M. Giscard ?

– M. Giscard pas davantage.

– Et M. Rocard, c'est une ennemi de M. Le Pen.

– Tout à fait, c'est une ennemi.

– Est-ce que M. Chirac, M. Giscard et M. Rocard
ont des partis avec des nombreux militants ?

– Ils ont.

– Et est-ce que leurs partis avec les nombreux militants ne sont pas capables de parler avec vos petites
gens qui électionnent cette dame de Dreux ?

– Bien sûr qu'ils sont capables, ça n'est pas une
question d'être capable, c'est une question de temps. Ils
n'ont pas le temps.

– OK, *I see*. Mais pourquoi ils n'ont pas le temps ?

– Parce qu'ils ont des congrès, des conventions et
des conseils nationaux à préparer.

– How. Des congrès. Sur quelle matière ?

– Des congrès pour ébaucher l'élaboration de la
mise en œuvre du processus qui désignera parmi leurs
leaders ceux qui seront candidats à la prochaine élection présidentielle.

– *Very interesting*. Et quand faisez-vous cette prochaine élection ?

– En 1995.

– En 1995, *indeed* ! Et il y aura une candidat de cet
Front national ?

– Ben oui, il y a des chances.

– Ah ! Alors peut-être après vos parties auront le temps.

Vous me croirez si vous voulez, mais il y avait une mouche dans mon bordeaux.

Je vous souhaite le bonjour !

5 décembre

Heureux habitants du Ier arrondissement de Paris et des départements français, la fin des années quatre-vingt s'approchant, j'ai l'impression que vous commencez à douter de certaines des valeurs qui ont donné le ton de cette décennie. Pardonnez-moi si je me trompe, mais je vous sens moins admiratifs devant la publicité et légèrement saturés de médiatisation. Aussi, ce matin, vais-je m'efforcer de ranimer votre foi en vous narrant un exemple de l'efficacité de cette médiatisation.

Vous connaissez le « Top 50 » que produisent Canal Plus et une radio bassement commerciale et derrière nous dans les sondages pour un sacré bout de temps ? Vous voyez le genre de disques qui figurent dans la liste de ce « Top 50 » ? C'est allé de *Viens boire un p'tit coup à la maison* à *La Danse des canards* en passant par *A la queue leu leu*. Pour ne s'en tenir qu'aux Français, on peut aussi y trouver Début de Soirée, un duo composé d'un brachycéphale et d'un dolichocéphale qui swinguent comme deux meules de foin, ou François Feldman, un romantique entièrement nourri au Témesta, ou Étienne Daho, qui est, me dit-on, beaucoup plus intéressant, mais je n'arrive pas à me faire une idée, étant donné qu'il chante aussi clairement que parlait feu Gaston Defferre.

Donc, vous connaissez le « Top 50 ».

Par ailleurs, vous connaissez Jessye Norman. Si vous n'avez jamais vu cette imposante cantatrice noire américaine, c'est que votre téléviseur ne capte pas Antenne

2. Elle s'y produit si fréquemment qu'on peut se
demander si toutes ses collègues ne sont pas malades,
parce qu'il n'est pas imaginable que son imprésario utilise des moyens déloyaux pour la faire passer à la télé.
Et d'ailleurs, même s'il essayait, il échouerait : dans le
service public, il n'y a que des incorruptibles. Bon, où
en étais-je ? Ah oui, vous connaissez Jessye Norman,
qui vient d'enregistrer *Carmen*. Peut-être n'est-ce pas la
meilleure version de l'histoire du disque, mais chacun
ses goûts.

Eh bien, figurez-vous que l'impossible est advenu :
le « Top 50 » et Jessye Norman se sont rencontrés : la
seconde est rentrée dans le premier, qui a résisté au
choc. D'accord, ce n'est que le « Top 50 Albums », qui
est au « Top 50 » quotidien ce que la Seine-Inférieure
est à la Seine-Maritime, mais c'est quand même un
« Top ». Et elle est, Jessye, 19e sur 30. Carmen, qui l'eût
dit ? Don José, qui l'eût cru ? Elle bat David Hallyday –
j'espère même qu'elle le bat très fort, et sur la tête. Elle
bat Madonna ; elle bat Desireless, la chanteuse porc-
épic ; elle bat Elton John, celui qui chante comme les
mottes de beurre fondent ; elle bat même François
Valéry, auprès duquel François Feldman a l'air de Vic-
tor Hugo.

Courage, Jessye ! Il s'agit maintenant d'arriver au
sommet du « Top » en grignotant les places une à une.
Allez, la semaine prochaine, pique sa place à la 18e. On
est avec toi, ça va être dur : la 18e, c'est Dorothée.

Je vous souhaite le bonjour !

6 décembre

Heureux habitants de l'Hérault et des autres départements français, mon confrère et camarade Serge Martin a glissé sous ma porte une invitation et un communiqué de presse dont il pensait non sans quelque raison que je pourrais tirer la moelle substantifique d'une chronique.

Sur l'invitation, on peut voir un plan en réduction de la banlieue sud de Paris, ainsi que les indications permettant de rejoindre un gros centre commercial situé non loin d'Orly. A côté de ce plan en réduction figure une photo pas très bien éclairée ou pas très bien reproduite, on ne peut pas savoir. Au milieu de cette photo, une grande jeune femme en maillot de bain une pièce et chaussures à talon. Elle porte un collier qui brille. Sa chevelure forme une large crinière. Elle a le front bombé, le regard vide, le sourire professionnel et, de l'épaule droite à la cuisse gauche, un bandeau où est écrit « Miss France 89 ». A sa gauche et à sa droite, dix petites filles, dans les cinq ou six ans, posent en maillot de bain et regardent l'objectif, les unes avec méfiance, les autres avec tristesse. Au-dessus de la photo, il est écrit : « Élection officielle, Mini-Miss, Paris 90. » Le communiqué de presse qui accompagne cette invitation comporte vingt-cinq lignes. Il contient quatre fautes d'orthographe : deux fautes d'accord des participes, une faute de concordance des temps et un pluriel injustifié. Il est bourré de majuscules au milieu des phrases. On y apprend que la première élection de Mini-Miss France,

qui concerne toutes les fillettes de quatre à huit ans, se
déroulera dans un centre commercial de la banlieue
parisienne. La gagnante (je cite) « sera comblée de
cadeaux et recevra même son âge convertit [t-i-t] en
kilos de chocolat. Il est à prévoir, poursuit le communiqué, que la future Mini-Miss France sera invitée à parti-
ciper aux grands concours internationaux ».

   « C'est un jury officiel composé de personnalités qui
devra voter. » Comme on ne dit pas qui sont ces personnalités – probablement le directeur du centre commercial, un fabricant de maillots de bain et le propriétaire
d'un salon de coiffure –, le communiqué met une
majuscule à Jury et une autre à Personnalités. On sent
que, s'il pouvait, l'auteur de ce texte aurait même
volontiers écrit personnalités avec trois *n*.

   Pour achever de nous allécher, on précise que Sandrine Clivet-Cypcura, en personne, remettra son
écharpe à l'heureuse élue. Pour les béotiens qui l'igno-
reraient, on précise que Sandrine Clivet-Cypcura est
l'authentique Miss France 89 – méfiez-vous des imita-
tions. Au cas où le lecteur ne serait pas convaincu de la
qualité de cette manifestation, on ajoute que les petites
filles seront, comme les grandes Miss (avec des majuscules partout), présentées par le spécialiste en la
matière, Michel Le Parmentier.

   Les petites candidates défileront une première fois
en tenue de ville, et une seconde en maillot de bain.
Tout cela a eu lieu hier soir. Une télévision commerciale a été assez commerciale pour passer des images de
cette cérémonie. Je n'ai pas un mauvais fond, mais j'ai
pensé à cette phrase de La Bruyère, qui devait, lui
aussi, être un spécialiste des Mini-Miss, car il écrivait :
« Il y a d'étranges parents dont toute la vie ne semble
occupée qu'à préparer à leurs enfants des raisons de se
consoler de leur mort. »

   Je vous souhaite le bonjour !

                                              7 décembre

Heureux habitants des Yvelines et des autres départements français, chacun d'entre vous a, dans le métier qu'il exerce, un modèle auquel il aimerait ressembler. En ce qui me concerne, et je vous remercie de me poser la question, mon modèle professionnel, c'est Jean-Claude Bourret, comme les plus intuitifs d'entre vous l'ont déjà deviné.

Il est difficile d'expliquer pourquoi l'on est subjugué par un style plutôt que par un autre, mais ce n'est pas impossible, et je vais me risquer à le faire. L'autre jour, vous vous en souvenez, Jean-Claude Bourret reçoit Jean-Marie Le Pen et Lionel Stoléru. Jean-Marie Le Pen demande à Lionel Stoléru si celui-ci a la double nationalité française et israélienne. Lionel Stoléru tombe des nues. Tout naturellement, Jean-Claude Bourret lui demande alors : « Monsieur Stoléru, êtes-vous juif ? »

Franchement, qui pourrait trouver à redire à cette question ? Et voilà qu'hier une journaliste du *Quotidien de Paris*, Ghislaine Ottenheimer (un nom français ?), publie un entretien avec Bourret où elle lui dit (je cite) : « Certains ont été choqués et ont fait remarqué [avec un accent aigu sur le *e*, ça commence bien] que, d'habitude, vous n'intervenez pas dans les débats. »

J'aimerais que beaucoup de confrères et d'hommes publics s'inspirent de la virile réponse de Jean-Claude Bourret. Je vous la livre : « On ne va pas s'attarder sur ce sujet cent cinquante ans. C'est moi qui ai créé cette émission. C'est mon émission. Je suis déjà intervenu et j'interviendrai encore quand c'est dans l'intérêt du téléspectateur » (fin de citation). Tout, dans cette réponse, me ravit. On ne voit en effet pas pourquoi les journalistes auraient des comptes à rendre, sinon ce serait un attentat à leur liberté d'expression, et ensuite, chère madame Ghislaine Ottenheimer, on ne va pas se laisser emmerder par des gonzesses.

Un peu plus loin, d'ailleurs, Jean-Claude Bourret consent à préciser sa pensée : « Et puis enfin, dit-il, la question n'est pas de savoir si j'aurais dû intervenir ou pas. Il s'agit de savoir si Le Pen a eu une attitude antisémite et fasciste » (fin de citation).

Alors la petite Ottenheimer, qui veut faire son intéressante, essaie de tendre un piège à Jean-Claude Bourret et de le faire sortir de son impassibilité congénitale, de sa réserve légendaire et de son objectivité confondante. Elle lui demande si, à son avis, M. Le Pen a eu une attitude antisémite et fasciste. « Je n'ai pas à juger les propos de Le Pen », lui répond Bourret, qui montre une fois de plus à quelle hauteur il situe la magistrature morale qu'il exerce sur l'écran cathodique. Rien que pour cette attitude, je trouve qu'on devrait le décorer. C'est dommage qu'on ait supprimé la francisque.

Je vous souhaite le bonjour !

8 décembre

Heureux habitants de la Corse du Sud et des autres départements français, il n'y a pas que nous, en ce bas monde, à héberger des travailleurs immigrés. Même les Japonais sont obligés d'en accueillir quelques-uns pour les besoins de leur économie, et en dépit du fait que, dans la plupart des cas, ils préfèrent implanter leurs usines dans des pays pauvres plutôt que d'importer des pauvres pour faire tourner leurs usines.

Au nombre des travailleurs immigrés installés dans les îles nippones, on compte un certain nombre de Pakistanais. A propos de ces Pakistanais, la direction de la police nationale japonaise a remis à ses troupes un document qui pourrait s'intituler : *Le Pakistan : mode d'emploi.*

On peut y lire qu'il est fortement conseillé aux policiers nippons (je cite) de « se laver les mains après avoir interrogé un Pakistanais, car la plupart d'entre eux souffrent de maladies de peau épidémiques ». Par parenthèse, ceci laisse supposer que les interrogations de la police impériale se font essentiellement à la main, ce qui prouve que le Japon sait garder les traditions. Un peu plus loin dans le document, on peut apprendre qu'il y a (je cite) « très peu de baignoires au Pakistan, et les Pakistanais sont donc habitués à ne prendre que de rares douches ». C'est ce qui explique, selon l'auteur de ce mode d'emploi, que « les Pakistanais dégagent une forte odeur, et, après leur passage, les bureaux où ils ont été interrogés et les cellules où ils ont été détenus empestent ».

Parmi les autres caractéristiques ethniques pitto-
resques des Pakistanais, le document de la police nationale nippone mentionne le fait que les éléments mâles
(je cite) « convoitent les femmes japonaises ». Malheureusement, les auteurs du texte n'indiquent aucun
moyen de mettre un terme à cette convoitise, ce qui
serait pourtant bien nécessaire si l'on veut éviter que
les Nippones convoitées ne se mettent à empester et à
se gratter des pieds à la tête.

Avant que l'on ait eu le temps de suggérer que les
Pakistanais convoiteurs soient traités comme le sont les
ânes lorsqu'ils tombent entre les mains de Brigitte Bardot, le rapport de la police nationale du Japon est
tombé entre les mains de confrères d'une agence de
presse japonaise.

Avec un certain mauvais esprit, ces confrères ont
suggéré qu'il s'agissait d'un document fleurant mauvais
le racisme et incitant à la discrimination. La direction
de la police japonaise a répondu qu'il n'en était rien
pour l'excellente raison que (je cite) « ce document est
exclusivement réservé à un usage interne ». Ah bon ! je
respire. Excusez-nous de vous avoir dérangé.

Je vous souhaite le bonjour !

                                                11 décembre

Heureux habitants du Xe arrondissement de Paris et des départements français, il est consolant d'imaginer que certains secteurs de l'activité humaine se trouvent à l'abri des mesquineries, des rivalités, des hypocrisies et des violences qui s'épanouissent à loisir dans la vie de tous les jours – et je ne fais pas seulement allusion ici à l'atmosphère assassine dans laquelle baigne notre audiovisuel.

Parmi ces secteurs protégés des bassesses, il me semble que l'on croirait volontiers que figure le monde musical. Comment, en effet, des gens qui ont quotidiennement commerce avec l'élégance de Mozart, la mélancolique gravité de Schubert ou la pétulance tonique de Rossini pourraient-ils être enlisés comme nous le sommes dans un univers de vanités et de petitesses ? Je me posais cette question jusqu'à ce que me tombe sous les yeux la dernière livraison de la revue *Opéra international*. A la page 9, cet estimable mensuel destiné aux lyricomanes publie une lettre collective à lui adressée par des spectateurs du poulailler du festival de Pesaro.

Le festival de Pesaro est consacré à Rossini, enfant de cette riante cité. On y donnait en août dernier *La Pie voleuse*, avec Katia Ricciarelli. Katia Ricciarelli est une cantatrice qui aborde le versant de l'âge. Elle a épousé Pipo Baudo. Pipo Baudo est un bellâtre sicilien qui tient sur la Cinq italienne un rôle intermédiaire entre ceux que tiennent ici Patrick Sabatier et Michel Drucker, ce qui me dispense d'une longue description.

Pipo Baudo est aussi fier d'avoir épousé Katia Ricciarelli que Patrick Sabatier pourrait l'être d'avoir passé la bague au doigt de Jessye Norman. Cela se comprend. L'ennui, c'est que Katia Ricciarelli a peut-être tendance à se produire dans un répertoire au-delà de ce que sa voix lui permet aujourd'hui. Il arrive donc de plus en plus souvent que des spectateurs la sifflent. Surtout ceux du poulailler, plus frondeurs que les bourgeois du parterre.

Les neuf spectateurs qui ont écrit à *Opéra international* étaient, le 16 août dernier, au poulailler du Teatro Rossini de Pesaro ; ils y étaient attendus par (je cite) « des gorilles à l'accent de Catania » – ville sicilienne s'il en fut. Ces gorilles, pour vous résumer l'action, prenaient en photo les spectateurs, contrôlaient leur billet et leur carte d'identité, et, après le lever du rideau, regardaient la salle et non la scène tout en roulant ostensiblement leurs mécaniques velues. Non seulement quiconque menaçait de désapprouver la manière de chanter de Katia Ricciarelli se voyait entouré très vite par ces primates, mais ceux des spectateurs qui désiraient applaudir le partenaire de Ricciarelli, Samuel Ramey, en étaient promptement dissuadés. Ceci explique, d'après les signataires de la lettre, que, le lendemain, au journal de 8 heures, la radio ait parlé du triomphe de la cantatrice. J'étais stupéfait d'apprendre de telles choses lorsqu'il m'est opportunément revenu en mémoire une phrase des *Mémoires d'outre-tombe* où Chateaubriand dit de la musique que ses accords sont tantôt des pensées tantôt des caresses. Comme l'a compris M. Baudo, rien n'empêche que les caresses soient données par des gorilles.

Je vous souhaite le bonjour !

12 décembre

Heureux habitants de l'Aude et des autres départements français, l'onde qui secoue les pays communistes de l'Europe centrale atteindrait, s'il existait une échelle de Richter pour les séismes politiques, un chiffre très voisin du maximum. Je n'en veux pour preuve que la distance que cette onde parcourt et la vigueur qu'elle a encore à la fin de son trajet.

Le mouvement de décommunisation lancé par les dissidents russes, amplifié par les Polonais et relayé désormais de Prague à Sofia, vient en effet d'arriver aux antipodes, très exactement en Australie. La semaine dernière, en effet, le Parti communiste australien tenait son congrès. A l'ordre du jour : les conséquences des bouleversements qui affectent les régimes communistes. Convient-il de modifier la doctrine ? Vaut-il mieux changer le nom du parti ? N'est-il pas opportun de confesser de graves erreurs ? Telles étaient les questions qui agitaient les militants communistes australiens.

Un de leurs leaders, Brian Aarons, a déclaré à la tribune que (je cite), «depuis que Gorbatchev avait soulevé le couvercle de la marmite, les communistes australiens avaient découvert à quel point son contenu était nauséabond». Et il a ajouté : «J'ai perdu quinze ans de ma vie.» Sans doute émus par ces paroles, les camarades de Brian Aarons ont bravement décidé de ne pas finasser davantage sur des histoires de changement de nom ou de doctrine, ils ont tout simplement choisi de dissoudre le Parti communiste australien.

Vous me direz que cela ne prouve pas, contrairement à mes prétentions introductives, la vigueur de
l'onde de choc partie de l'Europe de l'Est, car le Parti
communiste australien ne comptait que peu de
membres. Sans doute, esprits perpétuellement scep-
tiques, mais si je vous disais que la force de la vague est
telle qu'elle atteint la Corée du Nord, patrie du génial
Kim Il Sung, réélu dictateur du prolétariat à chaque
élection par 100 % des votants... La Corée du Nord,
vous ne me direz pas que ce n'est pas un exemple
incontestable ? Eh bien, chez Kim Il Sung, il y a eu ces
derniers temps des élections locales, où il est facile de
voter, car c'est obligatoire et il n'y a qu'un seul candidat. Eh bien, pour la première fois dans l'histoire
triomphante du communisme monarchique nord-
coréen, au lieu des 100 % de voix traditionnels, les candidats officiels n'ont rallié que 99,73 % des suffrages.
Et, comme le dit le proverbe nord-coréen : « Celui qui
entaille le mur ouvre la voie à ceux qui feront la
brèche. »

Je vous souhaite le bonjour !

13 décembre

Heureux habitants de la Seine-Saint-Denis et des autres départements français, en dépit de votre digne réserve, j'ai bien senti hier que le transfert au Panthéon des cendres de Monge, Condorcet et Grégoire vous avait plongés dans une profonde inquiétude. Non que vous ayez été tracassés par l'événement lui-même, mais, lorsque l'on vous l'a dit et que vous avez réalisé que ce serait la dernière manifestation du Bicentenaire, vous avez ressenti comme un vide. Que ferons-nous l'an prochain, vous êtes-vous demandé, en attendant 1991 et le 200e anniversaire de la mort de Mozart qui va nous valoir des heures de *Marche turque* et d'incessantes *Petite Musique de nuit* ?

C'est pourquoi, comprenant votre désarroi et fier de maintenir la tradition de service de France-Inter, je vous ai préparé une année 1990 pleine de petites commémorations qui vous permettront de ne pas passer l'an prochain en état de manque.

Tenez, le 15 janvier prochain, ce sera le 25e anniversaire du premier passage d'Eddy Mitchell à Bobino.

Le 10 février, il y aura 150 ans que la reine Victoria épousait le prince Albert de Saxe-Cobourg-Gotha.

Le 18 mars, nous pourrons fêter le 350e anniversaire de la naissance de Philippe de La Hire, qui non seulement développa la théorie des engrenages épicycloïdaux, mais encore installa les premiers instruments de l'observatoire de Paris.

Le 30 avril, nous célébrerons l'anniversaire de la

200e représentation à l'Opéra de l'*Antigone* de Zingarelli.

Le 14 mai, nous avons seulement à commémorer le 400e anniversaire de la victoire d'Henri IV sur le gros duc de Mayenne à Ivry-la-Bataille.

Le 10 juin, nous n'oublierons pas le 800e anniversaire de la noyade de l'empereur Frédéric Barberousse dans le fleuve Selef. Méfions-nous, on dit qu'il dort dans une montagne de Thuringe et qu'il reviendra pour rendre sa grandeur à l'Allemagne.

Le 21 juin, ce sera le 10e anniversaire de la mort du chansonnier Jean Valton ; et, le 12 juillet, le bicentenaire du vote de la Constitution civile du clergé.

Le 26 août, on pourra fêter le 100e anniversaire de la première exécution par la chaise électrique à Auburn (État de New York). Le 10 septembre, *Le Canard enchaîné* aura 75 ans – il ne les fait pas. Le 26 octobre, il y aura 550 ans que Gilles de Rais, maréchal de France lubrique, aura été exécuté, non pas parce qu'il avait fait les pires choses à des jeunes gens, mais parce qu'il avait profané une église. Le 6 novembre sera le 10e anniversaire de l'exclusion du Parti communiste français de Jean Kéhayan, auteur d'un livre féroce sur la Russie de Brejnev. Le 22 novembre, Charles de Gaulle aurait eu 100 ans. Le 15 décembre, Sitting Bull, le Napoléon des Indiens d'Amérique, mourait au combat ; et, le 20 décembre, on pourra célébrer le 400e anniversaire de la mort d'Ambroise Paré, celui qui a donné son nom au tunnel de l'autoroute de l'Ouest.

Ah, j'allais oublier ! Le 21 novembre, cela fera exactement 25 ans que les Français, en regardant «Télédimanche», auront vu pour la première fois Mireille Mathieu. Je suis désolé, dans ces matières-là, il n'y a pas de prescription.

Je vous souhaite le bonjour !

14 décembre

Heureux habitants du XVIe arrondissement de Paris et des départements français, j'ose espérer que vous vous préparez à assister, ce soir, à la cérémonie de remise des « 7 d'or ». Avant de vous installer devant votre téléviseur, prenez un bain, pomponnez-vous, mettez le champagne dans un seau – si possible à champagne, sinon prenez un seau en plastique et enveloppez-le dans du papier d'aluminium. Si vous avez smoking et robe du soir, n'hésitez pas à les revêtir. A défaut, réendossez ce que vous portiez à la communion du petit. S'il n'y a pas eu de communion récemment, mettez la tenue que vous aviez choisie pour aller demander une augmentation à votre patron. Ne vous laissez pas influencer par le fait qu'il vous a refusé cette augmentation : ce n'est pas parce qu'il vous trouvait mal habillé, c'est plutôt pour une question de principe. Au fond, le mieux serait que vous vous vêtiez comme si c'était vous qui alliez recevoir le prix.

D'ailleurs, ça m'étonne que ce ne soit pas déjà fait. J'ai opéré un recensement des récompenses distribuées en France métropolitaine entre le 1er janvier et la Saint-Sylvestre, en ne prenant en compte que les récompenses nationales : il y en a près de 2,7 par semaine. L'Oscar de la mode, les Victoires de la musique, les Victors de l'aventure, les Hommages de la Fédération du prêt-à-porter féminin, les Vercingétorix du court-métrage, le prix Ibsen, le prix Dussane, les Minerves de la publicité, le Femina, le Renaudot, le

Goncourt, le Novembre, le Médicis, le prix des
Libraires, des Maisons de la presse, du Quai-des-
Orfèvres, de l'Office catholique, de l'Académie française, du Brigadier, le prix Albert-Londres, le prix Del-
luc, le prix du Crazy Horse Saloon, le prix Georges de
Beauregard, le prix de la Révélation de l'année attribué
par le Syndicat de la critique dramatique et musicale, le
Prix spécial destiné à attirer l'attention sur un film qui
se rattache au fantastique, à l'insolite, à l'humour et à
l'érotisme, le Dé d'or, le Bollinger d'or, le Georges-
Sadoul, le prix Plaisir du théâtre, le prix Printemps du
théâtre, les Molières, les Trophées... Il n'y a pas jusqu'à
l'Afrique francophone qui n'ait, sur le modèle des
Césars, créé les Senghors, distinction qui doit s'abattre
sur l'Africain francophone le plus remarquable de
l'année, qu'il soit footballeur, cinéaste ou globe-trotter.

On pourrait croire cette liste complète, et toutes les
vanités du monde satisfaites et consolées. Il n'en est
rien, et j'ai le plaisir de vous annoncer que France-Inter
vient de créer un nouveau prix : l'Ivan-Levaï d'or de la
meilleure chronique diffusée à 7 h 45 par France-Inter.
On m'apporte à l'instant l'enveloppe, je la décachette
devant vos yeux qui sont des oreilles...

L'Ivan-Levaï d'or qui récompense la meilleure chronique diffusée à 7 h 45 sur France-Inter a été attribué à
Philippe Meyer.

Je ne m'y attendais vraiment pas. Je n'ai rien préparé. Je voudrais remercier mon équipe.

Je vous souhaite le bonjour !

18 décembre

Heureux habitants des Bouches-du-Rhône et des autres départements français, vous, je ne sais pas, mais moi, quand j'étais petit et que l'on me demandait : « Que feras-tu quand tu seras grand ? » je répondais : « Je serai dictateur communiste. » J'avais de nombreuses dispositions naturelles à l'exercice de ce métier : j'ai horreur de travailler, j'aime les demeures somptueuses et, comme vous vous en rendez compte depuis trois mois que je vous tympanise dans le huis clos de vos salles de bains, je suis d'un naturel méchant et sournois, et j'adore être désagréable avec mes contemporains, particulièrement avec Jean-Claude Bourret.

Pourtant, ma famille m'a dissuadé de me lancer dans cette carrière. Plus d'une fois, à table, j'ai entendu mon vieux père s'exclamer : « Dictateur communiste, tu n'y penses pas ! C'est un métier sans avenir. » Bien que j'aie longtemps contesté cette opinion, force m'est aujourd'hui de constater que le brave homme avait raison. Je suis venu trop tard, dans un monde trop imprégné d'idées démocratiques.

Quand même, j'ai gardé au cœur une petite nostalgie de ce destin de rêve. Aussi est-ce avec bonheur que j'ai lu dans un journal que les 50 chambres du palais qu'Erich Honecker s'était fait construire sur la Baltique allaient être bientôt louées aux touristes, avec leur sauna et leur piscine. Je pourrai donc dormir dans le lit d'un dictateur... Comme, dans un autre journal, j'ai lu

que la Tchécoslovaquie allait licencier 700 policiers spé-
cialisés dans les écoutes téléphoniques, et la Pologne,
1 800 contractuels chargés jusqu'à présent d'ouvrir et
de lire le courrier des militants de Solidarité, cela m'a
donné une idée que je soumets aux crânes d'œuf de
l'industrie touristique.

Ne serait-il pas possible d'organiser un séjour com-
plet de vacances au cours duquel on pourrait non seulement louer tout ou partie de la résidence d'été du
regretté Erich Honecker, mais encore bénéficier des
services de ces néochômeurs tchèques et polonais ? Une
partie de ces policiers reconvertis devrait jouer le rôle
de dissidents de tout poil, et les autres les espionne-
raient, et viendraient faire leur compte rendu aux locataires provisoires du palais du dictateur communiste.

Si ce n'est pas trop demander, j'aimerais même
qu'on organise des queues devant des magasins vides
pour que je puisse passer devant en voiture en allant à
la plage. Et même, si j'osais, je crois que j'ai une petite
idée pour porter ce projet de musée Grévin vivant et
touristique du communisme à un haut degré de perfec-
tion. En plus de son palais sur la mer, Honecker parta-
geait avec des amis, en toute simplicité, une résidence
dont les villas vont être transformées en hôpital psychiatrique de 400 lits. Est-ce que ce ne serait pas possible, quand les espions m'auront fait leur rapport, que
j'envoie quelques dissidents à l'hôpital psychiatrique ?
Et si, comme je l'espère, Ceausescu vient passer ses
vacances avec moi, pour qu'il ne soit pas dépaysé, on
ajoutera un cimetière.

Je vous souhaite le bonjour !

19 décembre

Heureux habitants de l'Oise et des autres départements français, ce qui fait que nous aimons l'Angleterre et que nous la jalousons secrètement, ce n'est pas seulement qu'elle a une reine, une reine mère, des princesses filles mères, un prince consort, des princesses divorcées et des princesses réduites à la seule compagnie des chevaux, non, ce qui nous fait ressentir vivement la supériorité de la Grande-Bretagne, c'est qu'elle préserve ses traditions.

L'une des plus sympathiques de ces traditions est celle des châtiments corporels appliqués aux enfants. L'université de Nottingham vient de lui consacrer une étude. En 1958, un précédent travail de recherche avait permis de savoir que 62 % des mères de famille battaient leurs enfants de moins de dix ans. Trente ans plus tard, non seulement la tradition n'a pas faibli, mais le pourcentage des mères batteuses est passé à 63 %.

Les auteurs de cette étude considèrent comme dignes de figurer dans le groupe des mères qui châtient bien celles qui frappent leur progéniture au moins une fois par semaine. Ils ont constitué un groupe à part avec les 22 % de mères qui utilisent une canne, une ceinture ou une pantoufle.

L'une des caractéristiques de la civilisation contemporaine est l'abaissement de l'âge de la puberté. Si l'on y ajoute le fait – déplorable pour la formation du caractère – que, depuis quarante-quatre ans, les enfants n'ont pas connu de guerre et ont toujours mangé à leur faim, on en déduit facilement qu'ils sont aptes de plus en plus tôt à résister physiquement à la colère de leurs géniteurs.

C'est pourquoi, selon les chercheurs de l'université de Nottingham, ce sont les pères qui deviennent les principaux agents du châtiment après que les enfants ont accompli leur onzième année. 36 % de ces pères ont recours à des ustensiles divers, parmi lesquels on retrouve la canne – autre élément de la tradition britannique avec le chapeau melon – et la pantoufle, qui semble être chez les Anglais assimilable à une arme de poing.

Malheureusement, au lieu de se contenter de constater le maintien des traditions, les chercheurs de l'université de Nottingham ont voulu faire leurs intéressants : ils ont isolé deux groupes d'adolescents mâles, le premier composé de délinquants récidivistes et le second ne rassemblant que des garçons au casier judiciaire vierge. Dans le premier groupe, 73 % des garçons avaient été battus au moins une fois par semaine jusqu'à onze ans, et 40 % après onze ans. Dans le second groupe, 47 % seulement des enfants avaient été battus une fois par semaine jusqu'à onze ans, et 14 % après. Les chercheurs en concluent non seulement que les châtiments corporels n'empêchent pas les enfants de mal tourner, mais encore que les enfants châtiés risquent davantage de devenir délinquants que les autres.

On me dira ce que l'on voudra, mais il me paraît clair que ces affirmations aventurées et démoralisantes sont évidemment le fruit d'une conspiration pour mettre à genoux l'industrie britannique de la pantoufle.

Je vous souhaite le bonjour !

20 décembre

Heureux habitants du Lot et des autres départements français, vous souvenez-vous du général Alfredo Stroessner, qui fut pendant trente ans le *conducator* du Paraguay? A la fin de cette décennie, les dictateurs valsent si vite que l'on a du mal à tenir le compte de leur disparition. Dans leurs pays, pourtant, on ne les oublie pas et on cherche même à débarrasser la vie publique de tous les profiteurs des anciens régimes.

C'est ainsi qu'au Paraguay un certain nombre de procès ont été intentés à des amis du tyran déchu, notamment à cause de forts soupçons qui pèsent sur les causes de leur enrichissement subit et considérable. Les uns après les autres, ces nouveaux riches développent des explications qui mériteraient des prix de rhétorique. Trois d'entre eux me paraissent se disputer les premières places. En troisième position, je placerais M. Pereira, nommé député – j'ai bien dit « nommé » – naguère par Alfredo Stroessner. Sa fortune, que l'on croit basée sur la contrebande, est estimée à plusieurs centaines de millions de francs, dont il a déclaré (je cite) qu'« ils étaient le produit de trente ans de culture du thé ». Le deuxième prix pourrait aller à l'ancien ministre de la Santé, le Dr Godoy Gimenez, propriétaire d'une quarantaine de fermes réparties dans divers pays d'Amérique latine, qui explique qu'il a pu se lancer dans l'agriculture intensive et internationale grâce à l'argent qu'il a gagné en travaillant à la radio le matin pendant trois ans, comme Jacques Pradel, dont personne n'arrive à savoir combien de fermes il possède.

Le premier prix me semble devoir être attribué au général Alcibiades Britez, l'ancien chef de la police. Le général Britez est l'heureux propriétaire de 80 fermes et exploite à ce titre 125 000 hectares de terres, soit cinq fois le département du Lot, dont j'avais tout à l'heure le plaisir de saluer les heureux habitants.

Lorsque les juges ont demandé au général Alcibiades Britez comment il avait pu acquérir cette vastitude de terres arables, il a répondu (je cite) : « Je me suis arrêté de fumer, cela m'a permis de faire de substantielles économies. »

C'est décidé, j'arrête aussi.

Je vous souhaite le bonjour !

21 décembre

Heureux habitants des Pyrénées-Atlantiques et des autres départements français, ce n'est pas pour me vanter, mais, quelquefois, il m'arrive d'entrer dans une librairie. Ce n'est pas à cause des livres, c'est à cause des libraires. Le libraire est souvent un homme un peu à part, sauf si c'est une femme ou s'il se contente d'être un marchand de journaux qui met en vitrine les best-sellers de la semaine ou un ancien boucher qui, l'âge et l'aisance venus, s'est décidé à acheter un commerce moins salissant et qui impressionne sa belle-mère qui croit que vendre des livres implique qu'on les ait lus.

Le vrai libraire, celui qui fait ça à cause des livres, est un être à part. Il est souvent barbu, sauf si c'est une femme, auquel cas elle compense cette infériorité par le port de lunettes dont on peut tout dire, sauf qu'elles sont à la mode. Le vrai libraire est peu porté à être à la mode ; il ignore souvent des choses essentielles comme qui est M. Philippe Guilhaume ou sur quelle chaîne on peut voir Patrick Sabatier. Une fois, j'ai essayé de parler avec un libraire de « L'école des fans », j'ai bien vu qu'il ne croyait pas que ça pouvait exister.

La plupart des vrais libraires sont d'un naturel réservé, mais, si vous leur demandez un conseil, vous verrez leurs yeux briller de plaisir. Comme j'aime voir les yeux briller de plaisir, hier après-midi, j'ai demandé un conseil dont je n'avais aucun besoin à un libraire devant chez qui mes pas m'avaient conduit. « Que me conseilleriez-vous ? » ai-je dit après avoir parcouru du regard ses tables et ses rayons. Ça n'a pas raté, ses yeux ont brillé et il a sorti de dessous une pile un petit livre à 49 francs des Éditions Rivages. Cela s'appelle *Le Dictionnaire du diable*, par Ambrose Bierce. J'ai donné mes 49 francs et je suis parti. Dans le métro, j'ai commencé à lire ce dictionnaire-là. J'ai raté trois stations en riant tout seul. Ambrose Bierce, qui avait fait la guerre de Sécession dans les rangs nordistes et connu très jeune de nombreuses horreurs, était de ces hommes qui ne se consolent d'avoir perdu leurs illusions qu'en se réfugiant dans un humour qui leur permet de croire que ce n'est pas le monde qui est cruel, mais la façon dont on le raconte ou dont on le voit. Entre autres livres cruels, Ambrose Bierce a écrit ce *Dictionnaire du diable* qui comporte 998 définitions de son cru.

« *Critique* : Personne qui souhaiterait fortement plaire, car personne ne cherche à lui plaire. »

« *Amitié* : Bateau suffisamment grand pour transporter deux personnes quand il fait beau et une seule en cas de mauvais temps. »

« *Mendier* : Demander quelque chose avec une énergie proportionnelle à la certitude de ne rien recevoir. »

« *Philanthrope* : Riche et vieux gentleman qui se contraint à garder le sourire tandis que sa conscience lui fait les poches. »

« *Ultimatum* : En diplomatie, dernière demande avant de faire une concession. »

Comme vous voyez, Ambrose Bierce avait de l'esprit et même de l'érudition. D'ailleurs, dans son *Dictionnaire,* au mot *Érudition*, on peut lire : « Poussière tombant d'un livre dans un crâne vide. »

Je vous souhaite le bonjour !

22 décembre

Heureux habitants de la Vendée et des autres départements français, il ne faut pas le dire trop fort, mais la période des fêtes plonge beaucoup d'entre nous dans la mélancolie : soit parce qu'ils sont seuls, soit parce qu'ils se sentent mal accompagnés, soit encore, plus simplement, parce que le temps où ils croyaient au Père Noël leur paraît aussi loin que celui où Dagobert Ier, fils du bon roi Clotaire, choisit d'établir à Paris la capitale du royaume des Francs.

Sans prétendre avoir trouvé une panacée, je crois pouvoir vous proposer une thérapie assez efficace de la mélancolie de fin d'année. Plongez-vous dans un dictionnaire. Si, si, je vous assure. Un dictionnaire. Vous verrez : en flânant sans but d'un mot à l'autre, vous éprouverez une de ces griseries qui dure sans vous laisser de mal aux cheveux, tant les mots cueillis au hasard peuvent faire éclore dans votre esprit des sensations savoureuses. M. Larousse, l'un des bienfaiteurs de l'humanité francophone, a publié cette année un dictionnaire des mots perdus intitulé *L'Obsolète*. Il permet mieux que de revivre notre propre jeunesse : revivre celle de nos grands-pères. Ce dictionnaire des mots perdus est une chosière – et il y a bien des choses dans une chosière – si disparate que l'on pourrait y voir une ripopée, n'eût été l'amoureux travail des auteurs, MM. Duchesne et Leguay, qui, certes, ne sont point des cagnards ni des pacants – je veux dire des paresseux ou des rustres –, mais bien plutôt, en matière de vocabulaire, des mâche-dru, c'est-à-dire des gourmands au robuste appétit.

Chacun dans sa chacunière, au coin de l'âtre ou du chauffage central, peut, grâce à eux, retrouver l'usance ubéreuse, c'est-à-dire la connaissance féconde de vocables disparus ou désestimés mais émerillonnants pour l'esprit, si facilement torpide, surtout pendant la digestion. Il suffit pour cela – Dieu me parfume ! – d'être bien oculé, entendez d'avoir de bons yeux. Vous saurez alors pourquoi Patrick Sabatier peut être appelé mirliflore et ce qui justifie que l'on classe Joseph Poli parmi les roquentins. Tantôt ces mots disparus vous compassionneront, tantôt ils vous ragoûteront, c'est-à-dire qu'ils vous mettront en appétit. Souvent, ils vous plongeront dans l'évagation, cet état boniface où l'esprit bat la campagne sans pouvoir s'attacher à rien. Pour les jours de colère, vous y trouverez des injures nouvelles, et, en traitant *in petto* une contractuelle de guenuche ou en décriant la hérissonnerie de votre chef de service, vous serez peut-être les seuls à comprendre, mais cela ne fera qu'augmenter votre contentement.

Il n'y a pas de trésor plus inépuisable que celui du vocabulaire. M. Larousse le montre dans cet ouvrage, mais M. Littré, en son temps, en fit la démonstration la plus active. Chacun a ses faiblesses. M. Littré en avait pour sa bonne. Un jour qu'il la lutinait, Mme Littré poussa la porte et s'écria : « Ah, monsieur, je suis surprise ! » Et le regretté Littré, se rajustant, lui répondit : « Non, madame, vous êtes étonnée. C'est nous qui sommes surpris. »

Je vous souhaite un heureux Noël !

23 décembre

Heureux habitants de la Manche et des autres départements français, il n'y a pas qu'un mystère de la Nativité, il y en a au moins deux. Le premier, nous en célébrons le 1989e anniversaire aujourd'hui. Le second peut s'expliquer de façon simple : comment se fait-il que mes confrères et moi-même soyons levés et à nos postes ce matin, alors que c'est Noël et que tout le monde dort ? A quoi bon s'adresser à des radioréveils qu'une main heureuse a mis, hier soir, hors d'état de nuire ? A quoi bon parler à des salles de bains désertes, à des cuisines vides, à des autoradios au garage ?

C'est une bonne question, et je vous remercie de me l'avoir posée. Je sens qu'elle trahit chez vous comme un sentiment trouble, où je distingue une certaine culpabilité à l'idée que nous nous sommes levés à cause de vous, qui l'êtes aussi, et une bouffée de fierté, cette fierté que connaissent bien tous ceux qui sont debout tandis que le reste de l'humanité sommeille encore...

Dans ces moments-là, chacun d'entre nous éprouve comme un sentiment d'héroïsme. Nous avons l'impression d'appartenir à une société fermée, à un club composé de ceux que leur métier rend indispensables à la collectivité. Une franc-maçonnerie du service des autres qui rassemble éboueurs, journalistes, conducteurs des Chemins de fer, infirmières, agents des métros, pharmaciens de garde, bistrots (de garde également), pêcheurs, portiers d'hôtel, gardiens de phare, paysans, ecclésiastiques, dames de petite vertu, agents de police, vétérinaires, sans compter tous ceux pour qui Noël ne change pas grand-chose : malades, prisonniers, infirmes, insomniaques et j'en oublie. Eh bien, ce matin, camarades, nous sommes entre nous. Rien que pour ça, cela valait la peine de mettre le réveil.

Les autres, ceux qui nous rejoindrons demain matin, ce n'est pas que nous manquions de considération pour eux, mais il faut bien reconnaître que, s'ils sont avec nous les jours ouvrables, c'est surtout parce qu'ils sont obligés de se lever.

Nous, nous sommes la chevalerie des heures creuses, les compagnons des rues vides, les habitants d'un *no man's land* entre une journée finie et une journée pas tout à fait commencée, la fraternité des yeux gonflés de sommeil et des lits qui refroidissent plus vite d'un côté que de l'autre.

Attention ! Je ne veux pas dire que nous soyons meilleurs que quiconque. Juste que nous avons quelque chose à partager. Et, par les temps qui courent, avoir quelque chose à partager, c'est vraiment Noël...

Je vous souhaite le bonjour !

25 décembre

Heureux habitants du XIVe arrondissement de Paris et des départements français, ce n'est pas pour me vanter, mais je me suis rendu hier après-midi gare de Lyon afin d'y accompagner au train une personne de mon choix. « Partir, c'est mourir un peu », écrivait le regretté Edmond Haraucourt, dont la postérité refuse de retenir le nom. Mourir un peu, me permettrais-je d'ajouter, c'est plutôt agréable... Ce n'est pas pour rien que nos pères appelaient « petite mort » certaine activité humaine qui fait travailler le cœur et d'autres muscles adjacents. Donc, pour en revenir à mon sujet, je me trouvais sur un quai de la gare de Lyon, occupé à assister la personne de mon choix qui s'apprêtait à mourir un peu, lorsque survint une dame sexagénaire qui interpella un contrôleur de la Société nationale des chemins de fer français, de nous voisin.

– Monsieur, déclara cette dame légitimement indignée, trois composteurs sur quatre ne fonctionnent pas à l'entrée de ce quai. Il y a une queue considérable devant celui qui marche, et les étrangers, qui ont déjà du mal à comprendre notre système de compostage unique en Europe, donnent des signes d'affolement bien compréhensibles.

– Madame, lui répondit avec calme le gradé de la SNCF, je suis au courant. Une note nous signalant la chose a été affichée dans le bureau des contrôleurs.

Refusant de comprendre que, puisque le non-fonctionnement des composteurs avait fait l'objet d'une

note, tout était en ordre, la dame s'obstina avec un surcroît de véhémence.

– Mais alors, crut-elle bon d'ajouter, vous pourriez
signaler aux voyageurs, par un panneau, les trois composteurs en panne, au lieu de les laisser s'échiner sur
ces machines au risque de leur faire rater leur train,
surtout les étrangers.

Le contrôleur apostrophé n'était pas n'importe qui.
Au-dessus de la visière de sa casquette, trois étoiles en
fer-blanc aluminisé indiquaient l'importance de sa fonction et reluisaient de la confiance en lui placée par la
direction de nos Chemins de fer. Aussi cet homme
bomba-t-il le torse et, accentuant la sévérité de son
masque et de sa voix, consentit-il à préciser :

– Madame, je vous ai dit que nous savions que ces
composteurs sont en panne. Je ne suis pas réparateur.

Et, comme la dame semblait sur le point de répli-
quer, il ajouta, souverain et transfiguré par la fulgu-
rance de ce qu'il s'apprêtait à dire :

– Si vous voulez prévenir les gens vous-même, ne
vous gênez pas. Laissez vos valises et allez-y.

Je demeurai confondu par l'altière générosité de ce
hiérarque trois fois étoilé acceptant d'abandonner une
parcelle de sa responsabilité à une dame dont, après
tout, rien ne prouvait qu'elle fît la différence entre une
locomotrice et un locotracteur. Comment est-ce possible ? demandai-je à mon for intérieur. Et mon for
intérieur me répondit : « SNCF ? Si, c'est possible. »

Je vous souhaite le bonjour !

26 décembre

Heureux habitants de la Meuse et des autres départements français, ça vous est sûrement arrivé une fois et, sinon, ça vous arrivera. Vous achetez votre journal comme tous les jours, au même marchand. A la une, vous voyez un titre auquel vous vous attendiez plus ou moins – hier, à la une du *Monde*, c'était « Les nouveaux dirigeants roumains tentent de consolider leur pouvoir ». Bon, rien d'urgent, vous êtes déjà pas mal au courant. Vous repliez le journal et, une fois chez vous ou dans l'autobus, vous le dépliez. Et, là, vous découvrez le titre du bas de la page – hier, à la une du *Monde*, c'était « La mort de Samuel Beckett ». Ce titre-là, vous le recevez comme un coup de poing.

Vous ne pourriez pas très bien dire pourquoi. Samuel Beckett, vous ne le connaissiez pas. Probablement, vous l'aviez peu lu, peut-être même pas du tout. C'est le cas de la plupart des gens, y compris de ceux qui lisent volontiers. Il y avait quelque chose d'intimidant qui flottait autour de Beckett. Peut-être est-ce parce qu'on le confondait avec Thomas Becket, l'archevêque martyr de Canterbury. Peut-être est-ce parce que les journalistes ont trop usé à son propos du mot « métaphysique », dont on pense en général qu'il est synonyme, en plus ennuyeux, du mot « religion » – la religion moins la cérémonie, le théâtre, l'odeur de l'encens et les enfants de chœur qui finissent les burettes.

Vous aviez forcément vu sa photo, c'est peut-être

même le seul lien qui vous attachait à cet écrivain si naturellement absent des médias. Son visage provoquait de manière saisissante des sentiments opposés. Il était à la fois attirant et apeurant. Beckett avait un air essentiel. Comme l'écrit Alfred Simon dans son papier du *Monde*, un papier de connaissance intime, si jamais l'expression a un sens : « Tous ceux qui ont connu Beckett parlent de sainteté, de franciscanisme, sans trucage, sans grimace, sans pirouette. »

Il me semble que c'est en effet cela que sentent tous ceux qui ont lu Beckett, qui ont vu l'une de ses pièces ou seulement l'une de ses photographies. Ce mélange ou, plutôt, cette alliance chez le même homme d'une acuité du regard qui ne pouvait être que cruelle, désespérante, jusqu'à lui faire écrire : « Rien n'est plus grotesque que le malheur », et de cette fraternité jamais exprimée, sauf par l'intérêt exclusif porté à ce qui est grotesque, à ce qui est malheureux, à ce qui est catastrophique, et qu'il essayait de dire tout en pensant que c'était indicible, sauf parfois en passant par l'humour. Dans *En attendant Godot*, il écrivait : « Ne disons pas de mal de notre époque ; elle n'est pas plus malheureuse que les précédentes. *(Silence.)* N'en disons pas de bien non plus. *(Silence.)* N'en parlons pas. *(Silence.)* Il est vrai que la population a augmenté. »

(Silence.) Fin de citation, comme on dit.

Je vous souhaite le bonjour !

27 décembre

Heureux habitants de l'Eure et des autres départements français, je ne jurerais pas que nous soyons
suffisamment attentifs à notre environnement et à sa
possible, pour ne pas dire probable, dégradation. Ainsi,
sommes-nous vraiment conscients que, si ce que l'on
appelle « l'effet de serre » se prolonge, la fonte des glaciers qu'il va provoquer conduira bientôt les heureux
habitants de Marseille à sortir de chez eux avec des
palmes, un masque et un tuba, et les heureux citoyens
des sept premiers arrondissements de Paris à retrouver
les maisons sur pilotis de la primitive Lutèce ?

Pourtant, les savants ne manquent pas de nous
mettre en garde et de nous désigner les responsables de
cette situation périlleuse qui est la nôtre. L'Agence
étatsunienne pour la protection de l'environnement
vient ainsi de mettre en évidence le rôle néfaste des
moutons de Nouvelle-Zélande dans le réchauffement
de l'atmosphère à l'origine de la fonte des glaciers.
D'une part, il est connu que ce réchauffement est pro-
voqué par un excès de gaz méthane ; d'autre part, il est
avéré que les moutons néo-zélandais sont au nombre
de 60 millions.

Les esprits simples ne voient pas nécessairement le
rapport entre ces deux affirmations indiscutées. Les
savants de l'Agence pour la protection de l'environnement ont pourtant déterminé que les gaz digestifs émis
par ces 60 millions de mammifères domestiques rumi-
nants à toison frisée contribuent à la production de

méthane au-delà de ce qui est raisonnable. Mieux, ils ont calculé qu'une réduction de 50 % des émissions de gaz moutonnesques amènerait une diminution de la totalité du méthane en excès dans cette vallée de larmes à hauteur de près de 75 %.

Le problème est, à l'évidence, qu'il est hasardeux de prétendre enseigner les bonnes manières à 60 millions de moutons néo-zélandais et flatulents. Conscients de cette difficulté, les savants susnommés pensent avoir découvert un moyen de la contourner. L'addition d'huile de coton dans l'alimentation de ces 60 millions de dangers publics devrait permettre d'abaisser sensiblement leur activité gazogène. Il n'en demeure pas moins que, puisque ces animaux broutent en liberté dans les quelque 545 000 kilomètres carrés des trois principales îles qui composent la Nouvelle-Zélande (dont l'une s'appelle l'« île fumante », ça ne s'invente pas), on ne voit pas encore très bien comment leur faire absorber l'huile de coton salvatrice. D'autant que, s'il y a 60 millions de moutons, il n'y a que 3 millions de Néo-Zélandais.

Sans doute sera-t-il de bonne politique de commencer la lutte contre l'effet de serre en agissant sur la production de méthane due à l'activité de l'homme et qui représente 60 % du total des émissions de ce gaz. Au terme de l'étude de l'Agence pour la protection de l'environnement, j'ai le plaisir de vous dire que les émissions méthanières imputables à l'homme sont essentiellement d'origine industrielle. Ceci devrait nous épargner l'huile de coton.

Je vous souhaite le bonjour !

28 décembre

Heureux habitants de la Corrèze et des autres départements français, un auditeur de France-Inter qui ajoute à cette qualité celle de lecteur du *Canard enchaîné* et en outre habite Vendôme, ayant compris que, si je m'efforce de ne pas manger mes mots, je dévore avec appétit ceux des autres, me fait parvenir un dictionnaire dont il a découvert l'existence dans l'hebdomadaire satirique et susnommé. Ce dictionnaire se nomme *Dictionnaire des mots inexistants*. Il a paru aux Éditions Métropolis, et ses auteurs sont deux frères, Aristote et Nicos Nicolaïdis, médecins et psychanalystes.

Cet ouvrage, d'un sérieux désarmant, part d'une constatation simple : la langue française, contrairement à l'anglais, doit avoir recours à plusieurs mots, voire à des phrases complètes pour désigner une chose ou un état. Par exemple, si l'on peut appeler bigame un homme marié à deux femmes en même temps, il n'existe pas de nom commun qui permette de désigner un homme qui en est à son second mariage. Pas plus pour parler d'un voleur de poule. Eh bien, MM. Nicolaïdis Frères proposent de créer ces dénominations courtes à partir du grec. Un homme qui en est à son second mariage sera ainsi appelé un « deutérogame », et un voleur de poule un « ornithoclepte », de *ornis*, qui veut dire poule, et *kleptein*, qui signifie voler.

Le procédé est « eucatalepte », de *eu*, facile, et *kataleptos*, participe passé de *katalambanô*, en français :

comprendre. Un livre facile à comprendre est un
ouvrage eucatalepte. Ne croyez pas que ces mots tirés
du grec ne soient utilisables que dans des activités
savantes. Ainsi, par exemple, vous devez, au cours
d'une promenade, emprunter un chemin difficile à gra-
vir. Vous pourrez désormais le qualifier de chemin
« dysanabate », de *dys*, abréviation de *dyskolos*, difficile, et *anabasis*, montée.

Votre vie amoureuse, elle aussi, se verra simplifiée
par ce recours à la langue de Démosthène. Vous ne
direz plus j'ai un rival en amour, vous parlerez de votre
« antéraste », de *anti*, contre, et *erastès*, amoureux. Si ce
rival en amour provoque votre jalousie, vous pourrez
l'appeler « antizèle », avec un *z*, puisque *zèlos* est le
mot qui désignait chez les Grecs ce peu reluisant sentiment.

Voulez-vous évoquer la mémoire du regrettable
génie des Carpates ? Vous aurez tout dit de lui en le
qualifiant de « laoplane » et de « lestopraxe ». Ce tyran
ne s'employa-t-il pas, en effet, à tromper le peuple
comme à le dépouiller de ses possessions légitimes ? Sa
« phylarchie » fut « polycrote » – entendez que son goût
du pouvoir fit beaucoup de bruit. Son peuple fut « poly-
pathe » – ce qui est plus court que de dire qu'il souffrit
beaucoup et de toutes les manières.

Aussi les Roumains souhaitent-ils ardemment
l'« isopolitie », l'égalité des droits civils, aujourd'hui
que le totalitarisme est « ethnocatarate », c'est-à-dire
rejeté – *kataratos* – par la nation – *ethnos*.

Quant à moi, la tête épuisée par cet effort étymolo-
gique, je vais profiter des lois sociales et de la mansué-
tude de mes chefs, desquels je baise les espaces interdi-
gitaux des pieds, et prendre une semaine de vacances.
En m'en allant « élaphropode », c'est-à-dire d'un pas
léger, j'espère vous laisser « dysparègorètes », c'est-à-
dire inconsolables.

Je vous souhaite une belle année !

29 décembre

Heureux habitants du Val-de-Marne et des autres départements français, je n'ose pas espérer que vous vous en êtes aperçus, mais, la semaine passée, j'ai pris sur moi de prendre quelques vacances. Ce n'est pas pour me vanter, mais je les ai passées en Italie, car je désirais repaître mes yeux de la lumière bleu et bistre qui baigne la Toscane en cette saison, et voir les treize tours de San Gimignano – qui en compta jadis jusqu'à soixante-douze – émerger de la brume hivernale.

L'idée s'est révélée très agréable, merci, mais, comme vous le savez, le problème principal des voyages à l'étranger, c'est la langue. On a beau ne pas vouloir fraterniser avec les indigènes, on n'en est pas moins contraint de se faire comprendre d'eux. Pour surmonter le fameux obstacle de la langue, il existe des guides de conversation où sont rassemblées des phrases toutes faites, réputées d'un maniement facile et d'un usage courant. Ces guides sont de très vieilles inventions. J'en ai eu un entre les mains, franco-anglais, qui datait du siècle de Molière. Tout un chapitre était consacré au duel, et l'on pouvait même apprendre à dire : « Où puis-je faire friser ma perruque ? »

Nos guides actuels s'efforcent d'offrir des expressions courtes et un vocabulaire adapté à la vie moderne. Au chapitre consacré à « La détente », par exemple, mon guide proposait des phrases comme : « Où est l'hippodrome le plus proche ? », « Y a-t-il un maître nageur ? », « Je voudrais louer des patins, une

luge, un équipement de ski, des chaussures et des
bâtons », « Puis-je garer ma caravane ici ? »... Les unes à
la suite des autres, ces phrases composent des vacances
surréalistes où l'on ne déchausse ses skis que pour
enfiler son maillot de bain et aller jouer aux courses.
Mais c'est le mouvement naturel des guides de conversation que d'osciller du surréalisme à un réalisme
pesant. Au chapitre « Faire des rencontres, se faire des
amis », mon guide suggère des phrases comme :
« Quelle belle journée ! », « Quel temps horrible ! »,
« Quel froid aujourd'hui ! », ou encore « Quelle chaleur ! »... Une fois appâté l'indigène par ces remarques
pertinentes (à condition de ne pas vous tromper de
ligne), vous pouvez, d'après mon guide, approfondir
vos liens avec lui en lui demandant : *Di kai generai
d'aphari si okupa ?* – « De quel genre d'affaires vous
occupez-vous ? » Je déconseille la question à partir du
sud de Naples. Ou alors on potassera préalablement le
chapitre « Chez le docteur ».

A ce propos, mon guide de conversation fait très
justement remarquer que, pour les cas graves, il est
inutile, voire sadique de proposer au touriste à l'article
de la mort un trop grand choix de phrases toutes faites.
Aussi les auteurs de ce *vade-mecum* s'en tiennent-ils à
deux seules propositions : *Deau vai l'amboulateaurieau
d'aile maidiko ?* ou *Deau vai leau spédalai*, c'est-à-dire :
« Où se trouve le médecin ou l'hôpital ? » La question
est pertinente. Le problème est qu'elle appelle généralement une réponse du genre : *Ma, signore, è facilis-
simo trovarlo. Lei gira due volte a sinistra, poi di fronte
a la torre c'è un semaforo. Dopo il semaforo troverà un
incrocio. A questo incrocio, meglio chiedere di nuovo a
qualcuno ; così lei non si sbaglierà.*

Alors, tandis qu'il vous reste encore un peu de force
et avant que vous n'ayez perdu tout votre sang, le guide
de conversation vous propose deux phrases encore
utiles : *Mi dyspiatchai, none kapisko* – « Je regrette, je
ne comprends rien » ; ou encore : *Tché koualkouneau*

kai parla frantchaisé ? – « Y a-t-il quelqu'un qui parle français ? »
    Je vous souhaite le bonjour !

8 janvier 1990

Heureux habitants de la Savoie et des autres départements français, lors des élections législatives de 1924, un leader socialiste du nom de Bracke-Desrousseaux salua la victoire quasi inespérée du Cartel des gauches en s'écriant : « Enfin, les difficultés commencent ! » Ce chef-d'œuvre d'harmonie entre l'enthousiasme et le réalisme pourrait être aujourd'hui repris à leur compte par les peuples d'Europe centrale reconquérant leur liberté.

Prenons l'exemple de la Pologne. Elle a été gouvernée pendant près de quarante-cinq ans par un parti communiste appelé Parti ouvrier unifié polonais – ce qui faisait dire aux indigènes qu'en quatre mots on disait trois mensonges. En subventionnant la plus grande partie de l'activité économique, au prix d'un endettement ubuesque, ce parti conduisait la Pologne à la ruine. Le gouvernement de Tadeusz Mazowiecki pratique, lui, une politique de vérité des prix indispensable à la renaissance du pays, mais dont les conséquences immédiates sont très dures. La suppression des subventions à l'extraction du charbon, par exemple, vient d'entraîner la multiplication par cinq du prix de l'électricité, du chauffage central, du gaz domestique et de l'eau chaude.

Dans le film *La vie est un long fleuve tranquille*, une réplique a fait florès : « Le lundi, c'est ravioli. » En Pologne, le lundi, c'est dévaluation. Un lundi sur deux, à peu près, la Banque nationale polonaise dévalue sa monnaie, le zloty. En décembre, pour essayer d'aligner les cours du change officiel sur ceux du marché noir ou du marché libre, car, en l'occurrence, noir et libre veulent, pour une fois, dire la même chose, le zloty a perdu 250 % de sa valeur par rapport au dollar. C'est comme si, demain matin, au lieu de valoir 5,60 francs, l'unité de compte américaine équivalait à 14 francs...

On ne peut pas dire que les étiquettes valsent, elles dansent une sorte de jerk stroboscopique sur des disques 33 tours diffusés en 78. Le 1er janvier, les tickets d'autobus ont doublé, et les timbres postaux également. Pourtant, dans cette danse de Saint-Guy des prix, il existe en Pologne un produit que l'on peut se procurer aujourd'hui pour exactement la même somme qu'il y a un an. Un produit dont le prix n'a pas bougé d'un centime dans un pays qui a connu en 1989 vingt et une dévaluations. Un produit disponible dans toutes les villes et tous les villages. Un produit, même, dont je me suis laissé dire que les stocks étaient abondants alors que les denrées alimentaires restent rares.

Un produit dont la stabilité extraordinaire du prix illustre définitivement la justesse de la loi de l'offre et de la demande, objet de ma causerie de ce matin. Ce produit, c'est une cravate en polyester rouge, et cette cravate en polyester rouge, c'est le signe distinctif qu'arborent en Pologne les membres du Parti ouvrier unifié polonais. Au train où vont les choses, il est à craindre que le gouvernement de Tadeusz Mazowiecki, faisant pour une fois une entorse à ses principes, se trouve obligé de subventionner les fabricants de cravates rouges.

Je vous souhaite le bonjour !

9 janvier

Heureux habitants des Hautes-Pyrénées et des autres départements français, j'ai le regret de vous faire part de la mort du Dr. George Clark Foster. Il est assez probable que cette nouvelle ne vous affectera que modérément, dans la mesure où je viens de vous apprendre en une seule phrase la naissance et la disparition du Dr. George Clark Foster. Il me semble pourtant que, si vous l'aviez connu, son décès vous aurait causé un pincement de cœur.

De son vivant, le Dr. George Clark Foster, citoyen des États-Unis d'Amérique, pratiquait le métier redouté de chirurgien-dentiste. Voilà qu'il va nous faire pleurer, murmurez-vous dans le huis clos de vos salles de bains, parce que le monde compte un arracheur de dents en moins. Patience, auditeurs dentistophobes, vous verrez que le Dr. George Clark Foster n'était pas n'importe quel dentiste. D'abord, il avait fait avec courage la guerre du Pacifique contre les Japonais. Ensuite, en 1947, alors qu'il maniait ses pinces dans l'armée américaine d'occupation, à Tokyo, on l'appela pour soigner le général Hideki Tojo. Le général Hideki Tojo avait été Premier ministre du Japon, et son engagement aux côtés de Hitler et de Mussolini avait été enthousiaste et vigoureux. Sous son règne, la cruauté des troupes japonaises atteignit d'indescriptibles sommets. En 1947, il allait être jugé comme criminel de guerre lorsqu'on lui amena, à sa demande, le dentiste George Clark Foster. Il s'agissait, expliqua le général Tojo, de lui refaire toutes les dents, qu'il avait fort gâtées, afin qu'il se présente à son procès à son avantage et même, ajouta-t-il, qu'il puisse avoir une élocution claire face à ses juges.

Le Dr. George Clark Foster n'exprima aucune opinion ni n'émit le plus petit commentaire, quoi qu'il ait évidemment pensé en son for intérieur quelque aménité du genre : « Puisses-tu pourrir aussi vite que tes dents, vieux monstre sanguinaire ! » Le Dr. Foster mobilisa même toutes les ressources de son art, qui était grand, et fabriqua pour le criminel de guerre une fausse denture parfaitement adaptée à ses mâchoires. Cela pouvait passer pour une dépense d'énergie déraisonnable, puisqu'il était fort probable que le général Tojo serait condamné à mort, et, de fait, on devait le fusiller en 1948. Mais le Dr. Foster n'écouta que l'écho de son serment d'Hippocrate, comme c'était son devoir. Simplement, il incrusta des points et des traits sur chacune des fausses dents qu'il posa à son patient. C'est ainsi que, lorsque le général Tojo ouvrait la bouche, tous ceux qui connaissaient l'alphabet morse pouvaient lire : *Remember Pearl Harbor* – « Souvenez-vous de Pearl Harbor. »

Je vous souhaite le bonjour !

10 janvier

Heureux habitants de la Dordogne et des autres départements français, M. Georges Marchais est né sous le signe astrologique des Gémeaux, qualité qu'il partage avec le regretté Blaise Pascal, qui écrivit : « Nous courons sans souci dans le précipice, après que nous avons mis quelque chose devant nous pour nous empêcher de le voir. »

Il m'était venu à l'idée, pour esquisser ce matin un portrait de M. Marchais, d'explorer son côté Gémeaux. La tradition veut en effet qu'il s'agisse d'un signe dont les natifs sont particulièrement portés à jongler avec les mots, d'un signe désinvolte, d'un signe, également, facilement enclin à la distraction.

L'aspect distrait du caractère de M. Marchais a souvent été négligé. Il éclaire pourtant le fait qu'il ait pu sans penser à mal travailler chez Messerschmitt alors que c'était une usine allemande et qu'on était en guerre, parcourir les pays communistes et trouver leur bilan globalement positif, ou encore passer ses vacances en Roumanie sans remarquer que ce n'était pas une villégiature pour tout le monde.

Mais, malgré l'intérêt de cette piste astrologique du Gémeaux distrait, j'ai finalement renoncé à l'explorer plus avant. Il est infiniment probable, en effet, que M. Marchais n'accorde aucun crédit à l'astrologie, puisqu'il est adepte du matérialisme dialectique.

Le matérialisme dialectique est une doctrine que résumait ainsi l'une de ces blagues politiques circulant en URSS et qui constituent l'un des apports les plus remarquables du communisme aux activités de l'esprit humain. Qu'est-ce que la science ? demandait cette blague. La science, c'est chercher les yeux bandés un chat noir dans une pièce obscure. Qu'est-ce que la philosophie ? La philosophie, c'est chercher les yeux bandés, dans une pièce obscure, un chat qui ne s'y trouve pas. Et qu'est-ce que le matérialisme dialectique ? Le matérialisme dialectique, c'est chercher les yeux bandés, et dans une pièce obscure, un chat noir qui ne s'y trouve pas et de s'écrier : « Je l'ai attrapé ! »

M. Marchais, depuis vingt ans, est l'un des meilleurs attrapeurs de chat noir qui ne s'y trouve pas. Dans la compétition avec les autres leaders communistes européens, je crois pouvoir dire qu'il s'est rapproché, ces derniers temps, de la toute première place.

Comme l'éclairage astrologique, j'aurais volontiers poursuivi la métaphore du chat noir, mais je vois bien à la mine sévère des confrères qui m'entourent que nous ne sommes pas réunis ce matin pour faire de la zoologie. Nous sommes ici pour faire progresser la connaissance. L'enjeu de notre petit déjeuner est en effet de déterminer à partir de quels symptômes on peut prononcer qu'un homme politique ou un parti sont en état de mort clinique ou de vie végétative. Le regretté Lénine pensait que cet état advenait lorsque (je cite) : « En bas, on ne veut plus et, en haut, on ne peut plus. »

Pour ce qui est du bas, 1989 nous a abondamment montré qu'on ne veut plus, mais alors plus du tout du communisme. Pour ce qui est du haut, on se demande ce que l'on peut encore.

C'est pourquoi, monsieur le secrétaire général, je n'envie pas les confrères qui vont vous interroger, car il est difficile de dire s'ils vont pratiquer une autopsie ou se livrer à la vivisection.

Je vous souhaite le bonjour !

11 janvier

Heureux habitants du IXe arrondissement de Paris et des départements français, ému par la détresse linguistique que je vous exposais il y a quelques jours, un auditeur m'a fait parvenir trois tout petits ouvrages intitulés *Les Idiomatics* et publiés par les Éditions du Seuil. Il s'agit de petits volumes illustrés d'une centaine de pages dont le but est d'apprendre aux Français les équivalents en anglais, en allemand et en espagnol de leurs expressions les plus familières. Par exemple, là où, pour nous défiler, nous disons : « Ce ne sont pas mes oignons », les Allemands disent *das ist nicht mein Bier* – « ce n'est pas ma bière » –, et les Anglais, *that's not my pigeon* – « ce n'est pas mon pigeon ».

Les Espagnols ne semblent pas utiliser d'expression particulière pour se défausser. Cela ne me surprend guère, leur bravoure est proverbiale. L'équivalent castillan de notre expression «être entre le marteau et l'enclume » est d'ailleurs *estar entre la espada y la pared* – « être entre le mur et l'épée ». Pour notre « construire des châteaux en Espagne », curieusement, l'anglais, l'espagnol et l'allemand utilisent la même expression : « bâtir des châteaux en l'air ». Mais, quand nous parlons de « tirer la couverture à soi », les Espagnols disent « approcher la braise de sa sardine ». Quand un Français « fait son beurre », son voisin allemand, lui, « emmène son petit mouton au sec » ; mais, quand nous « décrochons la timbale », les Anglais « rapportent le lard à la maison ».

Comme souvent dans le langage populaire, le thème de la mort excite l'imagination poétique : quand nous cassons notre pipe, les Espagnols « étirent la jambe », et, tandis que nous bouffons les pissenlits par la racine, les Allemands « regardent les radis par en dessous », les Espagnols « font pousser les mauves », et les Anglais « poussent les marguerites vers le haut ».

Les animaux eux-mêmes ne nous font pas le même usage : Paul a d'autres chats à fouetter, tandis que John *has other fish to fry* – « a d'autres poissons à frire », et, si Jean a un chat dans la gorge, Klaus, lui, y « a une grenouille ».

A mon avis, en 1993, nous allons « être assis dans l'encre » – en allemand : « nous trouver dans le pétrin » – pour nous comprendre dans l'Europe nouvelle. Pour « appeler une pelle une pelle » – en anglais : « appeler un chat un chat » –, on peut même craindre que ces extrêmes différences de point de vue et de langage ne repoussent l'union tant désirée des Européens à une période où les poules auront des dents – en espagnol : *cuando las ranas críen pelos*, « quand les grenouilles auront des poils »; en anglais : *when pigs might fly*, « quand les cochons pourront voler ».

Je vous souhaite le bonjour !

12 janvier

Heureux habitants du Loir-et-Cher et des autres départements français, il m'arrive rarement de regarder la télévision le dimanche matin, mais hier, comme j'avais décidé de faire du cocooning et même de la pyjamisation, j'ai allumé le poste. Je ne voudrais dénoncer personne, mais, tôt le dimanche, à la télévision, on fait une petite place aux immigrés. Sur Antenne 2, à 9 heures du matin, il y a (je cite) « Psalmodie des versets 53 et 54 de la sourate 41 par le cheikh Ibrahim Dogan », suivi de « Le Tacawuf ou la mystique islamique » avec Ubayd Allah Ghoton et Abdel Halim Herbert. Les immigrés arabes qui veulent s'instruire n'ont pas intérêt à sortir trop tard le samedi soir.

Pendant ce temps-là, sur FR 3, on diffuse « Racines ». Le réalisateur s'appelle Mohamed Mebtoul, c'est vous dire qu'on est plutôt du côté de Bajazet que de Britannicus. Après ce « Racines », on peut voir « Rencontres », une émission fourre-tout, avec beaucoup de reportages sur les travailleurs immigrés.

Hier matin, dans l'un de ces reportages consacrés au quartier de la Goutte-d'or, à Paris, on a donné la parole à un père de cinq enfants qui vit avec sa smala dans une sorte de studio avec coin-cuisine qui fait aussi coin-salle de bains. Le tout s'étend sur une superficie de 12 mètres carrés et ne coûte à cet expatrié volontaire qu'un loyer de 1 450 francs par mois. 1 450 francs par mois, tous les gens de bonne foi le diront, à Paris, c'est un petit loyer. Pour le même prix, bien sûr, on peut disposer d'un logement plus spacieux, mais il faut accepter d'aller en province.

Pour 1 450 francs par mois, à Dreux, ce père de famille nombreuse aurait pu avoir un F 3 ; et, sans payer un sou de plus, Mme Stirbois et ses amis lui auraient surveillé sa cité.

On se demande pourquoi FR 3 diffuse des informations aussi peu informatives. Heureusement que c'est tôt, et le dimanche matin. Cela dit, il faut être juste : on apprend parfois des choses amusantes. Ainsi, hier, j'ai découvert que le gouvernement algérien venait de décider que tout citoyen d'Algérie établi à l'étranger et désirant venir séjourner quelque temps dans son pays devra changer, en arrivant en Algérie, l'équivalent de 2 700 francs en dinars. Cette somme, il ne pourra pas la changer dans l'autre sens à son retour en France. Autrement dit, c'est une sorte de taxe, un impôt sur le maintien des liens psychologiques et culturels entre les Algériens émigrés et leur patrie. Si, d'un côté, on refuse de les intégrer et que, de l'autre, on leur colle une taxe sur le retour provisoire, le métier de travailleur algérien en France va devenir un choix de carrière de moins en moins judicieux. Si vous avez des enfants, conseillez-leur d'envisager autre chose.

Je vous souhaite le bonjour !

15 janvier

Heureux habitants des Alpes-Maritimes et des autres départements français, ce n'est pas pour me vanter, mais, hier, je suis allé au cinéma. Je dirais même plus, je suis allé au cinéma voir un film russe intitulé *Délit de fuites*. Il y a en effet, dans notre bonne capitale, un cinéma, le Cosmos, spécialisé dans les films russes – je dirais même plus, soviétiques.

Délit de fuites est ce que l'on appelle une satire qui s'efforce de décrire toute l'Union soviétique à travers l'une de ses minuscules parties. Cette partie, c'est un simple immeuble, bourré de familles qui s'entassent comme elles peuvent dans des appartements trop petits, mal conçus, vétustes avant l'âge. La baignoire du cinquième étage sert à une teinturerie clandestine et se vide dans une salle de bains du quatrième, où un couple a installé en fraude une plantation de tulipes pour les vendre au marché noir.

L'ascenseur ne fonctionne plus depuis des temps immémoriaux, un tuyau d'eau chaude est éventré dans la cour, la rampe de l'escalier tient grâce à un fil de fer. L'entretien de l'immeuble est confié à un homme qui stocke chez lui tout le matériel qu'il peut obtenir des autorités et le revend en douce. Quand quelque chose ne marche pas, il se contente de fabriquer une pancarte pour signaler aux occupants de l'immeuble que ça ne marche pas. Et, lorsque les habitants viennent lui dire de quoi ils ont besoin, il leur explique comment ils peuvent s'en passer.

Un jour, on découvre une fissure qui court du rez-de-chaussée au toit. La fissure s'élargit. Il va bientôt neiger, et le toit menace de s'effondrer. C'est le moment que choisit un nouveau locataire pour couper l'arrivée d'eau chaude de l'immeuble afin que l'on arrête la fuite d'eau dans la cour. Comme personne ne vient colmater la fuite, le nouveau locataire s'enferme dans la cave, où se trouve le robinet central, et refuse d'ouvrir tant qu'on n'aura pas réparé. Privés d'eau chaude, les habitants se révoltent. Alors, pour sauver sa peau, l'homme qui est chargé de l'entretien de l'immeuble a une inspiration subite : il déclare que, conformément à la *perestroïka*, l'eau a été coupée pour faire des économies, et il propose que le nouveau locataire soit proclamé héros du Parti. Comme *« perestroïka »* est un mot magique, la hiérarchie du Parti applaudit des deux mains et invite les habitants de l'immeuble à approuver l'action héroïque du coupeur d'eau chaude. Et, pour récompenser le héros, on lui attribue un appartement individuel. Du coup, un autre locataire, qui n'en peut plus de se faire engueuler par sa femme parce qu'ils sont entassés avec une autre famille dans un minuscule appartement, a, lui aussi, une illumination : puisque, au nom de la *perestroïka*, le coupeur d'eau chaude a obtenu un appartement, il va, lui, couper l'électricité. Sitôt dit, sitôt fait.

En quelques heures, l'immeuble, qui tenait par miracle, en arrive ainsi à la ruine ; le toit s'effondre, et les habitants se retrouvent dehors dans la neige à se réchauffer autour de grands feux de bois en faisant circuler une sorte de vodka qui doit être à peu près ce que les Allemands de l'Est mettent comme carburant dans leurs fameuses automobiles Trabant.

La première de nos chaînes de télévision qui aura l'idée d'acheter ce film, et de le programmer, montrera mieux qu'avec n'importe quels experts pourquoi M. Gorbatchev n'est pas au bout de ses peines. Et qu'on ne nous dise pas que *Délit de fuites* est un film anticommuniste primaire. Son metteur en scène ne s'en prend pas au communisme primaire : il décrit le communisme tout court.

Je vous souhaite le bonjour !

16 janvier

Heureux habitants du XVIIIᵉ arrondissement de Paris et des départements français, la vie moderne constitue, pour les esprits positifs, une succession d'émerveillements dus au progrès. Quiconque observe le monde autour de lui ne peut que constater que nous sommes entourés et protégés par des cerveaux, inlassablement attelés à la tâche de nous faciliter l'existence. Ces cerveaux sont nourris des informations les plus diverses, des statistiques les plus minutieuses, des dossiers les mieux fournis. A Genève, ils ont décidé de modifier le système de fermeture des portes des autobus.

En effet, la circulation ralentie ne provoque-t-elle pas des stress qui portent préjudice à l'activité économique tout en dégradant le confort urbain ? Et l'un des responsables de cette circulation ralentie, c'est la lenteur du système d'ouverture et de fermeture des portes des autobus. Vous n'y auriez pas pensé, parce que cela ne se voit pas à l'œil nu, mais les cerveaux n'ont pas l'œil nu. Les cerveaux ont l'œil équipé, c'est pourquoi ils réfléchissent, ils se concentrent, ils délibèrent, ils considèrent, ils étudient, ils examinent, ils pèsent, ils songent et, finalement, ils décident. En l'occurrence, ils ont décidé que, pour que les autobus genevois ne restent pas à l'arrêt trop longtemps, le temps d'ouverture et de fermeture de leurs portes serait limité à trois secondes. Qui a dit que les Suisses n'étaient pas rapides ?

Augusta Bozzini est suisse, enfin suissesse. Cela fait exactement quatre-vingts ans qu'elle est suissesse. Grâce à Dieu et pourvu que ça dure, elle jouit d'une bonne santé et se déplace toute seule. En autobus. Elle a désormais trois secondes pour descendre. A quatre-vingts ans, Augusta Bozzini trouve que trois secondes, c'est possible, mais enfin, quand on n'a jamais suivi d'entraînement au triple saut, ce n'est peut-être pas un délai excessif pour descendre d'un autobus. Alors, elle a écrit aux cerveaux et elle a envoyé une copie de sa lettre à son journal.

« Au début du nouveau système de fermeture, écrit Augusta Bozzini, j'ai un peu paniqué. Mais j'ai été rassérénée très vite et je voudrais vous en remercier. Au-dessus des portes de sortie de vos autobus, il y a en effet une publicité qui semble particulièrement destinée aux passagers dans ma situation. Il s'agit d'une réclame pour une assurance décès-invalidité. »

Je vous propose de lever votre tasse de thé à la santé d'Augusta Bozzini.

Je vous souhaite le bonjour !

17 janvier

Heureux habitants du Haut-Rhin et des autres départements français, sans être plus observateur qu'un autre, je crois remarquer que, à l'intérieur de ce qu'il était convenu d'appeler le bloc communiste, les tendances centrifuges semblent l'emporter sur les tendances centripètes. Encore me semble-t-il que l'on ne nous dise pas tout.

Ainsi, par exemple, à la fin de l'an dernier, on comptait en Tchécoslovaquie pas moins de 800 étudiants originaires de la Corée du Nord et envoyés par le gouvernement du phare de la pensée, Kim Il Sung, s'instruire dans les universités tchèques et slovaques. Vous n'êtes pas sans savoir qu'à la suite de divers incidents, les Tchèques et les Slovaques semblent avoir considéré qu'il serait raisonnable de marquer une pause dans l'édification du communisme.

Le phare coréen de la pensée a donc envoyé à Prague quelques aéroplanes. Son ambassade a regroupé les 800 étudiants coréens et les a priés de monter dans les aéroplanes avec la charmante courtoisie qui caractérise les manières de M. Kim Il Sung et de ses séides. De retour dans leur patrie, les 800 potaches ont été placés à l'abri de la corruption par les idées bourgeoises. L'histoire ne dit pas si on leur a lavé la tête et l'intérieur de la tête – M. Kim Il Sung est un type plutôt laconique, au moins sur ce genre de sujet.

Venant après les manifestations centrifuges de la Lettonie, de la Lituanie, de l'Estonie, de la Pologne, de la Roumanie, etc., ce desserrement des liens entre la Corée du Nord et la Tchécoslovaquie me fait penser que tous ces événements vont avoir une conséquence sur laquelle on ne s'est pas suffisamment penché. Une conséquence artistique, plus précisément, musicale. Il va en effet devenir de plus en plus difficile de chanter et d'entendre chanter *L'Internationale*. C'est dommage, parce que *L'Internationale*, c'est une jolie musique, et qui, tout compte fait, constitue une partie émouvante de notre patrimoine commun.

Aussi, je crois avoir trouvé une solution qui nous permette de conserver l'usage de cet air familier. J'ai remarqué, en effet, que les paroles d'une autre chanson s'adaptaient parfaitement à la musique de *L'Internationale*. Il s'agit d'un vieux tube français, j'ai nommé *Étoile des neiges*... Vous ne me croyez pas ?

> *É-Étoile des neiges*
> *Mon-on cœur a-mou-reux*
> *É-tait pris zaupiège*
> *De tes si grands yeux...*

Et remarquez que, pour ceux qui restent nostalgiques des paroles d'Eugène Pottier, on peut les adoucir en procédant à la même opération, mais dans l'autre sens.

> *C'est la lutte finale*
> *Groupons-nous et demain*
> *L'Internationale*
> *Sera le genre humain.*

Tra la la... Mon Dieu, où va-t-il chercher tout ça ?... Je vous souhaite le bonjour !

18 janvier

Heureux habitants du Vaucluse et des autres départements français, j'ai eu l'honneur de vous faire une causerie, la semaine dernière, sur trois petits livres qui permettent aux Français de connaître la traduction immédiate en anglais, en espagnol et en italien de nos expressions les plus courantes comme « ce n'est pas mes oignons » ou « sucer les pissenlits par la racine ». Ému par mon souci de la langue, un auditeur de Marseille m'a fait parvenir un ouvrage qui pousse cette technique encore plus loin.

(Ici, je dois marquer une parenthèse : si les auditeurs continuent à m'envoyer des livres, il faudra qu'il s'en trouve un pour m'envoyer une bibliothèque. Merci d'avance.)

Revenons à cet ouvrage qui s'intitule *Europe. Peut-on vraiment faire confiance à des étrangers ?* Ses auteurs s'appellent Pierre Antilogus et Philippe Trétiack, et il est édité par la maison Rivages. Cet opuscule se présente comme le premier dictionnaire du chauvinisme français à la veille de 1993. Depuis le mot « Affront » jusqu'au mot « Zone franche », MM. Antilogus et Trétiack posent des questions pertinentes auxquelles ils fournissent des réponses érudites et qui ne manquent pas de vanter la supériorité des Français sur les onze autres peuples de la Communauté, et de la foire aux haricots d'Arpajon sur la *feria* de Pampelune.

Les gagnants de la « Roue de la fortune » pourront-ils être payés en marks après 1992 ? demandent nos deux auteurs. Les prêtres homosexuels pourront-ils aller se marier en Hollande ? Devrons-nous prêter notre bombe atomique à ceux qui ne l'ont pas ? Les Allemands vont-ils nous livrer Schumacher ? Est-il exact que l'un des métiers de l'avenir soit interprète flamand-wallon ? Combien mesure un grand d'Espagne ? Aurons-nous demain une Miss France étrangère ? L'entrée des Grecs dans la CEE condamne-t-elle les cabinets à la turque ?

A toutes ces questions décisives avant l'avènement du grand marché européen, ce livre apporte des réponses précises et salvatrices. Mais il fait plus : dans ses dernières pages, il propose, dans la langue de chaque pays de la Communauté, un choix de phrases propres à s'adresser à chaque indigène en fonction des traits caractéristiques de sa culture.

A une Danoise, par exemple, vous pourrez dire : *Hold op med at vugge nøgen gennem gangen, Hilda, der bor en portugisk familie på samme etage !* – « Arrêtez de vous trémousser nue dans le couloir, Hilda, il y a une famille portugaise à l'étage ! »

A un Irlandais, vous direz : *Bloody hell, you're not going to smoke this salmon in your room, O'Casey !* – « Bon Dieu, vous n'allez pas fumer ce saumon dans votre chambre, O'Casey ! »

A une Portugaise, vous saurez dire : *Quando su marido terminar de cavar a piscina que ele naõ esqueça de pasar là em casa. Ele me prometeu de fazer dois andares a minha casa durante u fim de semana* – « Quand votre mari aura terminé de creuser la piscine, qu'il n'oublie pas de passer chez moi. Il m'a promis d'ajouter deux étages à mon pavillon pendant le week-end. »

Je vous laisse découvrir les sujets de conversation possibles avec les autres peuples des Douze. Sachez seulement que MM. Antilogus et Trétiack n'ont rien trouvé à dire aux Luxembourgeois. Je déconseille : « Où puis-je blanchir ces narco-dollars ? »

Je vous souhaite le bonjour !

19 janvier

Heureux habitants de la Guyane et des autres départements français, ce n'est pas pour me vanter, mais hier j'ai téléphoné en Bretagne. La première chose qu'ils m'aient dite, c'est : « Il fait 12 degrés. » Croyez-le ou non. Le 21 janvier !... J'ai appelé en Provence pour leur raconter la chose. Ils ont été longs à décrocher : ils déjeunaient dans le jardin. Le 21 janvier !...

Soyons clair. Ce qui me choque, ce n'est pas que l'on prenne du bon temps le jour anniversaire de la mort de Louis XVI ; ce qui me choque, c'est que l'on soit en train de ne pas avoir d'hiver dans l'indifférence générale. Vous vous souvenez de l'hiver 1987-1988 ? Ça, c'était une saison ! A Paris, l'eau gelait dans les canalisations, et les canalisations éclataient. Les plombiers ne répondaient plus au téléphone. Pour en trouver un, il fallait coucher sur son paillasson, et, avec beaucoup d'éloquence, on pouvait le persuader de vous donner un rendez-vous pour le mois de mars. Ceux et celles qui n'avaient plus d'eau quémandaient l'hospitalité des amis plus chanceux, dont les appartements se situaient plein sud ou dont la tuyauterie était emmitouflée dans de la laine de verre.

Ah, le bel hiver convivial que celui-là ! Sans compter que le vrai froid, c'est un véritable événement qui rappelle à l'homme que, sans ses oripeaux thermogènes, il n'est pas grand-chose dans la nature. L'hiver, ce sont des quantités de minuscules transformations magiques qui font de notre cadre habituel un décor nouveau, et du simple trajet jusqu'à la boulangerie un exploit, tant il devient méritoire d'éviter les plaques de verglas. Sans compter toutes les distractions que l'on peut espérer rencontrer en route… Le voisin du sixième, celui qui se prend pour sa photo et qui répond à peine quand on lui dit bonjour, eh bien, c'est justement le type qui vient de glisser devant la banque et dont le beau pardessus neuf a maintenant une vilaine grosse tache dans le dos. La jeune femme d'en face, celle qui ressemble à Arletty quand elle jouait Garance, c'est elle qui se trouve en péril avec un cabas de légumes au bout d'un bras et les robes qu'elle est allée chercher chez le teinturier sous l'autre. Elle n'attend qu'un sauveur, et ça va être vous. Et je compte pour rien les bonheurs des enfants dans une cour d'école soudain enneigée, et la joie perverse d'arriver quand même à l'heure au travail, précisément le jour où vous n'aviez besoin d'aucun mensonge, d'aucun prétexte, d'aucun effort d'imagination pour justifier votre retard.

Tous ces plaisirs bon marché et démocratiques, nous en sommes encore une fois privés par cet hiver de pacotille. Et, naturellement, le gouvernement ne fait rien, et l'opposition demeure inerte. C'est en vain que l'on criera : « Mitterrand, de la neige ! Chirac, du verglas ! » Suppliques à des cœurs de pierre d'autant plus à l'abri que, comme on le sait, pour fendre la pierre, il n'y a que le gel. Le mur de Berlin est à terre, il nous faut encore abattre l'anticyclone ! « Kessler, de l'hiver ! Chaboud, avec nous ! »

Je vous souhaite le bonjour !

22 janvier

Heureux habitants du Ve arrondissement de Paris et des départements français, la Confédération helvétique est l'un des pays d'Europe où la proportion de séropositifs et de malades du SIDA est la plus élevée. On se perd en conjectures sur les explications de ce fâcheux phénomène, mais on n'en lutte pas moins pour l'endiguer.

En France, on confie les campagnes pour l'utilisation des préservatifs à des publicitaires époustouflants qui réalisent des films hyper-super avec, j'veux dire, tu vois, un max de références, j'veux dire, des clins d'œil culturels, parce que ce qui est complètement important, tu vois, c'est que les jeunes, euh, j'veux dire, y se sentent complètement dans leur univers, j'veux dire. Esthétiquement, le résultat est formidable. Enfin, il doit l'être puisque tous les publicitaires en disent du bien et aussi les journalistes chargés de parler des publicitaires, parce que, je ne sais pas si vous l'avez remarqué, mais bientôt il y aura davantage de journalistes pour parler de la communication que pour aller chercher quelque chose à communiquer.

Revenons aux Helvètes aux prises avec le SIDA. Eux, ils ne jouissent pas de ces époustouflants communicateurs. Alors, ils font une étude d'opinion. Quels sont les prétextes les plus souvent invoqués par les hommes pour ne pas utiliser ce qu'on appelle au Brésil le « manteau de Vénus » ? Et que répondre à ces prétextes ?

Premier prétexte mis en évidence par l'étude : « Je n'utilise pas de préservatifs, je ne sors jamais avec des étrangers. » Du coup, le gouvernement suisse fait imprimer des affiches où figurent cette phrase en gros caractères et, en caractères plus modestes, une simple réponse : « Le passeport suisse ne protège pas du SIDA. »

Trois autres prétextes ont été retenus, et trois réponses :

« Je n'ai pas besoin de préservatifs, je ne suis pas homosexuel. – Le SIDA non plus. »

« Je n'utilise pas de préservatifs, je fais le test régulièrement. – Le test ne protège pas du SIDA. »

« Je n'utilise pas de préservatifs, je n'ai que de bonnes fréquentations. – Le SIDA ne fait pas la différence. »

Cette campagne est trop récente pour que l'on puisse connaître ses résultats. Les Helvètes n'en sont pas moins impatients de les savoir, car ils s'inquiètent de ce que la vente des préservatifs dans leur pays soit passée de 11,6 millions d'unités en 1987 à 10,5 millions en 1988. Là, je pense que nos voisins ont tort de s'alarmer. Il se pourrait que cette diminution des ventes soit davantage due à l'orgueil qu'à l'insouciance : il arrive à tout le monde d'avoir les yeux plus grands que le ventre et de constituer des stocks involontaires dans les tiroirs de sa table de nuit.

Je vous souhaite le bonjour !

23 janvier

Heureux habitants de l'Essonne et des autres départements français, peut-être n'accordez-vous pas votre attention de manière systématique à la vie conjugale du président du Nicaragua, M. Daniel Ortega, le leader de la révolution sandiniste. Laissez-moi donc vous résumer une situation au demeurant assez simple : M. Ortega était marié et il a divorcé de Mme Rosario Murillo, qui paraît, sur les photos qui la représentent, n'avoir aucun sujet de se plaindre de la nature. Le divorce s'est passé sans drame, merci, et Mme Rosario Murillo, dont le métier principal est celui de poétesse, demeure directrice de l'Institut nicaraguayen de la culture.

En tant que telle, Mme Rosario Murillo a pris l'initiative d'organiser, en mars prochain, le premier congrès international de sorciers. Pas de voyants, de parapsychologues, de tortionnaires de cuillères en aluminium, d'astrologues ou de Champollion du marc de café. Non, de sorciers !

Cette sympathique manifestation se heurte à l'opposition vigoureuse de l'Église évangélique locale, par ailleurs assez liée à la révolution sandiniste et dont l'un des leaders, un pasteur, a déclaré (je cite) : « Comment l'Institut culturel nicaraguayen peut-il organiser dans ce pays une convention satanique ? »

L'ex-mari de Mme Murillo, le président Ortega, a répondu : « 1° Nous n'avons pas à avoir peur de ce genre de congrès parce qu'il y a toujours eu des sorciers au Nicaragua. 2° Un homme qui est en contact avec Dieu n'a rien à craindre de la sorcellerie. »

Malgré cette ferme mise au point, il semble que des pressions concertées et efficaces aient été exercées par le gouvernement nicaraguayen sur l'ex-Mme Ortega. Elles ont eu pour résultat qu'en plus des sorcières et des sorciers l'Institut nicaraguayen de la culture a convié à son congrès des spécialistes de la magie noire, des chiromanciens ainsi que des psychologues, des sociologues et des théologiens. Évidemment, on espère que, parmi ces théologiens, se trouvent quelques excommunicateurs brevetés. Ils pourront peut-être expliquer aux congressistes pourquoi les bataillons de choc de la révolution sandiniste de Daniel Ortega s'appellent les *turbas divinas*, les « hordes divines », connues pour leur justice expéditive. Quant aux mages et aux sorciers, on pourrait leur demander de faire apparaître les 146 lieux clandestins de détention que la Commission nicaraguayenne des droits de l'homme a comptabilisés d'après les récits d'anciens détenus.

Je vous souhaite le bonjour !

24 janvier

Heureux habitants francophones de la Belgique et des départements français, vous n'êtes pas sans savoir que toutes les familles ont leur garnement, leur cadet facétieux qui cherche à se faire remarquer sans trop regarder au choix des moyens et qui n'aime rien tant que faire des niches. La famille royale d'Arabie Saoudite n'échappe pas à cette règle. Son galopin à elle, c'est le prince Nayef Ibn Abdel Aziz, à qui l'on a confié pour le divertir les amusantes fonctions de ministre de l'Intérieur.

Le prince Nayef Ibn Abdel Aziz occupe cette charge avec un dynamisme, une vitalité, un entrain même dont les statistiques ne peuvent donner qu'une idée approximative. Disons toutefois qu'au cours des six derniers mois le prince Nayef a fait couper au moins deux cents têtes. Ces décollations ont été à peu près équitablement distribuées. Une partie a été réservée aux ouvriers de la principale entreprise pétrolière d'Arabie Saoudite qui semblaient être gagnés par un esprit déplacé de revendication. Une autre partie de ces décapitations a concerné des étudiants gauchisants de la province orientale du pays. Dans le plus pur respect des traditions, c'est à l'épée que les têtes échauffées de ces ouvriers et de ces étudiants ont été séparées de leur corps.

Le prince Nayef Ibn Abdel Aziz ne coupe pas que des têtes. Une comptabilité, malheureusement approximative, établit à plusieurs centaines le nombre de

mains droites et gauches que les bourreaux du prince
ont tranchées. Amnesty International, qui est aux
hommes ce que Brigitte Bardot est aux phoques, a émis
une protestation circonstanciée contre cette manie coupeuse du ministre saoudien de l'Intérieur. Son gouvernement a répondu qu'il ne pouvait pas être jugé d'après
les lois des hommes, puisqu'il se considère comme
exclusivement soumis à la loi de Dieu.

Je ne voudrais pas dire du mal de Dieu, mais je me
demande si, pour faire passer cette loi, il n'a pas dû utiliser le fameux 49.3.

Je vous souhaite le bonjour !

25 janvier

Heureux habitants du XIIIe arrondissement de Paris et des départements français, ce n'est pas pour me vanter, mais j'ai trouvé chez le marchand de journaux un réjouissant recueil publié par une bande de farfelus associés en une entreprise baptisée « Jalons ». Jalons s'est longtemps spécialisé dans les parodies de journaux et a fait passer à sa moulinette d'aussi augustes institutions que *Le Monde*, rebaptisé *Le Monstre*, *Libération*, travesti en *Laberration*, et *Point de vue. Images du monde*, devenu *Coin de rue. Images immondes*. L'*Alboum des années 80*, c'est le titre de la nouvelle publication de Jalons, reprend toutes les lettres mensuelles par lesquelles, depuis 1980, ce groupe commente l'actualité dans un style qui n'est pas sans rapport avec *L'Os à moelle* du regretté Pierre Dac.

Ainsi, lorsque Raymond Aron disparaît, en octobre 1983, Jalons écrit-il : « Sa mort porte un *nouveau et rude coup à l'intelligence française déjà cruellement éprouvée par la parution du dernier livre de Jean-François Kahn.* » Un an plus tôt, lorsque Grace de Monaco nous quitta, Jalons rendait ainsi compte de l'événement : « Sa vie fut un véritable conte de fées. Les circonstances de sa mort restent encore mystérieuses. Il était près de minuit, la princesse regagnait son palais à vive allure lorsque son véhicule se serait transformé en citrouille. »

Jalons ne respecte rien – même pas Mlle Mireille Mathieu –, allant jusqu'à prétendre, après le tremble-

ment de terre en Arménie, que (je cite) « la sympathique chanteuse a accepté de chanter gratuitement au
pied des immeubles en ruine afin d'accélérer leur
démolition ». Et, lorsque, à vingt-quatre heures d'intervalle, Simone de Beauvoir et Jean Genet disparaissent,
Jalons titre : « Encore deux vieilles dames trouvées
mortes chez elles à Paris ! » En octobre 1988, une brève
nous apprend que le jury Goncourt est en émoi. En
effet, le favori pour le prix n'a pas encore écrit son
livre. Je passe sur le transfert au Panthéon des cendres
du chapeau de Gaston Defferre et sur les négociations
menées par Yves Montand pour que son fils Valentin
tienne le premier rôle dans le prochain film de Margue-
rite Duras intitulé *L'Affaire Grégory*.

Je passe aussi sur l'information selon laquelle, pour
la prochaine édition du chemin de croix de Mont-
martre, Mgr Lustiger partirait en *pole position*, et j'en
termine avec cette perspicace conclusion du résultat
des élections municipales à Marseille : « Après le succès
de Robert Vigouroux, écrit Jalons, de nombreux
hommes politiques ont décidé de prendre des cours de
silence. »

Je vous souhaite le bonjour !

                                                   26 janvier

Heureux habitants de l'Yonne et des autres départements français, le système de recouvrement des dettes actuellement en vigueur à Marseille ne plaide pas, je ne crains pas de le dire, en faveur de cette riante cité. Non seulement tous ces coups de revolver et ces flaques de sang nuisent à l'image de la ville, mais encore ils constituent une véritable aberration économique, du point de vue du créancier qui cherche à récupérer son argent en envoyant des tueurs à gages à ses débiteurs. Comme le dit l'expression américaine : *Dead clients don't pay* – « Les clients morts ne paient pas ».

Dans d'autres villes de la Méditerranée, on a mis au point un système de recouvrement infiniment plus pittoresque, plus pacifique et plus efficace. A Barcelone, une entreprise propose aux sociétés qui ne parviennent pas à se faire payer d'envoyer chez leur débiteur une ou plusieurs jeunes femmes déguisées en Panthère rose. Elles ont pour seule mission de suivre partout le mauvais payeur, de chez lui à son bureau, de son bureau au restaurant, du restaurant à l'église et de l'église à sa maison de campagne. Elles ne disent rien ni ne font quoi que ce soit. Leur présence suffit à signaler à tout un chacun que l'objet de leurs assiduités est un mauvais payeur, comme le confirment des placards publicitaires publiés dans les journaux. Tant que le client n'a pas récupéré son dû, les Panthères roses assiègent son débiteur. A la date d'aujourd'hui, la rentabilité de cette opération s'établit à 80 % des affaires traitées.

Une autre firme de recouvrement a adopté une tactique similaire, sauf qu'au lieu de Panthères roses, ce
sont des messieurs à mine grave, en queue-de-pie, che-
mise à plastron et chapeau haut de forme qui s'atta-
chent aux pas des mauvais payeurs. Cette société a déjà
installé 24 succursales en Espagne.

Pour revenir à Marseille et à la nécessaire réforme
de ses mœurs, peut-on lui suggérer d'adopter simulta-
nément les deux tactiques de ses cousins espagnols ?
Les Panthères roses pour la bonne humeur, qui reste
l'image de la cité phocéenne au moins depuis Pagnol, et
les messieurs en frac et en haut-de-forme, parce qu'ils
évoquent les pompes funèbres et peuvent ainsi rappeler
aux mauvais payeurs qu'ils ne sont que poussière et
qu'ils pourraient bien retourner bientôt en une poussière que dispersera le mistral.

Je vous souhaite le bonjour !

29 janvier

Heureux habitants francophones de la Suisse et de nos départements français, on prête généralement aux diplomates des mœurs d'une urbanité énigmatique et une capacité inaltérable à prononcer de longues phrases ornées à la fin desquelles tout le monde et son père aura trouvé à boire et à manger, sans que pourtant aucun mot ait été prononcé qui engage quiconque à quoi que ce soit. C'est ce que l'on pourrait appeler la langue de bois verni ou sculpté, et, pour parler franc, cette rhétorique semble bien poussiéreuse.

C'est pourquoi l'on saluera avec flamme et allégresse la modernisation du parler diplomatique récemment opérée par Son Excellence M. l'ambassadeur de la République italienne auprès de Sa Majesté le roi des Belges. Un sujet du roi Baudoin lui avait écrit pour se plaindre d'avoir été dévalisé lors d'un voyage d'agrément en Italie. Et, comme notre homme avait remarqué que d'autres touristes, pas forcément belges, avaient connu la même mésaventure, il avait en ces termes fait part à l'ambassadeur des conclusions par lui tirées de toutes ces rapines : «Je me demande [je cite notre citoyen belge] si, à l'industrie touristique dont votre pays vit depuis si longtemps, ne s'est pas ajoutée en parallèle, et avec l'assentiment muet des autorités, une industrie aussi lucrative, celle du vol et de la rapine.»

Un diplomate classique aurait fait semblant de rien. Ignorant les allusions injurieuses, il aurait assuré son

correspondant de ses vifs regrets, de sa sincère sympa-
thie, de la diligence faite par les carabiniers pour
retrouver son voleur, de la rigueur de l'institution judiciaire dans le cas probable où ledit voleur serait arrêté
par la force publique, et, tout en protestant du caractère exceptionnel des vols commis en Italie, notre
diplomate aurait *in fine* formé le vœu que le larcin dont
son correspondant belge s'était trouvé la victime ne le
dissuaderait nullement d'entreprendre dans la patrie de
Dante d'autres séjours, qu'il lui aurait souhaités par
avance fructueux et ensoleillés.

   Au lieu de cela, M. Giovanni Saragat, ambassadeur
d'Italie auprès du roi des Belges, a écrit (je cite) :
« Vous êtes un lâche, un menteur et un grossier personnage. Le fait d'ériger en fait universel, en en rendant
responsable toute une nation, un événement, il est vrai
extrêmement regrettable, qui est arrivé à votre misé-
rable personne est l'indice d'une vision du monde et
d'un égocentrisme qui relèvent de la médecine. Votre
réaction vous met bien en dessous de la personne qui
vous a délesté de vos hardes. En guise de salutations,
mon pied à l'endroit où j'espère qu'un jour un de mes
compatriotes vous l'appliquera réellement » (fin de
citation).

   Le vieil auteur dramatique oublié Georges de
Porto-Riche n'avait-il pas raison d'écrire qu'« un diplomate qui s'amuse est beaucoup moins dangereux qu'un
diplomate qui travaille » ?

   Je vous souhaite le bonjour !

                                          30 janvier

Heureux habitants du XIIe arrondissement de Paris et des départements français, vous n'êtes pas sans savoir que le regretté Karl Marx est enterré en Angleterre. Il aurait été dommage que le corps de l'auteur du *Capital* reposât en Grande-Bretagne et que son esprit en fût absent. Fort heureusement, les Anglais possèdent un Parti communiste. Possèdent ou possédaient, *that is the question.* En effet, non seulement les effectifs de ce parti sont tels qu'il pourrait tenir ses réunions dans l'une de ces splendides cabines téléphoniques que les Postes de Sa Majesté ont obligeamment peintes en rouge, mais encore il songe, lui aussi, à abandonner toute référence au communisme.

Avant de prendre cette décision terrible, les communistes anglais ont choisi de modifier le mot d'ordre de leur parti dans un sens qui ne laisse guère d'espoir quant à leur fermeté idéologique. Jusqu'au dernier congrès, en effet, le but que s'assignaient les communistes anglais, ils l'avaient résumé en une phrase (je la cite) : « Développer une stratégie à long terme en vue de la révolution socialiste. » A ce slogan déjà mûrement réfléchi et qui renvoyait les lendemains qui chantent à la semaine des quatre jeudis *(the week of the four Thursdays)*, les communistes britanniques ont décidé de préférer un nouveau mot d'ordre (je cite) : « Développer une stratégie orientée vers l'ouverture de nouvelles possibilités de changements progressifs. »

J'avais d'abord espéré lire « de nouvelles possibilités

de changements progressistes », mais j'ai eu beau passer une peau de chamois sur mes lunettes, c'est bien
vers des changements progressifs que les communistes
britanniques bandent désormais leurs derniers restes
d'énergie. Ceci peut faire craindre à des esprits clair-
voyants que non seulement le Parti communiste britannique ne finisse par changer de nom, mais encore qu'il
adopte une appellation peu mobilisatrice : Parti atten-
tiste anglais, ou Parti prudentialiste modéré de Grande-
Bretagne, ou encore, imité de Shakespeare, Parti
comme il vous plaira. Je crains fort que, d'ici peu de
temps, la célèbre phrase qui concluait le *Manifeste du
parti communiste*, et qui est gravée sur la tombe de Karl
Marx, à Londres, ne soit remplacée par une épitaphe
du genre : « Prolétaires de tous les pays, circulez, il n'y a
rien à voir... »

Je vous souhaite le bonjour !

31 janvier

Table

Prologue, 7.

Rentrée, 9.

Mens sana, 11.

Saisons, 13.

Éthylomètre, 15.

Pandores, 17.

Lecture, 19.

Beuve-Méry, 21.

Guépard, 23.

Bonnes manières, 25.

Dinosaures, 27.

Petites annonces, 29.

Turquerie, 31.

Énarchie, 33.

Nader, 35.

Argot, 37.

Nîmes, 39.

Clémence, 41.

Marketing, 43.

Androphobie, 45.

Prolétaires, 47.

Canonisations, 49.

Rois, 51.

Gris, 53.

Conjugo ma non troppo, 55

Médecine sportive, 57.

Funérailles, 59.

Rois (bis), 61.

RUR, 63.

Ours, 65.

TGV, 67.

Toilettes, 71.

Hypnose, 73.

Staphylocoques, 75.

Havel, 77.

Alarmes, 79.

Mauvaises nouvelles, 81.

Ardeur, 83.

Jospin, 85.

Juge Simon, 87.

Prisons, 89.

Slow-Food, 91.

Mœurs anglaises, 93.

Enterré vivant, 95.

Oreille nippone, 97.

Fiancées, 99.

Amateurs, 101.

Bedos (Guy), 103.

Buber-Neumann, 105.

Manpower, 107.

Candidates, 109.

Épate, 111.

Réveil suisse, 113.
Baptême, 115.
Contrebasse, 117.
Précocité, 119.
Jean-Paul, 121.
Reconversion, 123.
Sourds-muets, 127.
Dura lex, 129.
Remords, 131.
Péchés, 135.
Prévoyance, 137.
Chirac (Jacques), 139.
Dreux, 141.
« Top 49 », 145.
Infanticide, 147.
Ou ne pas être, 149.
Police nippone, 151.
Mœurs adoucies, 153.
Espoir, 155.
Anniversaires, 157.
Récompenses, 159.
Vocation, 161.
Éducation anglaise, 163.
Épargne, 165.
Diable, 167.

Mots, 169.
Noël, 171.
Contrôleur, 173.
Beckett (Samuel), 175.
Vents, 177.
Grec, 179.
Guides, 181.
Inflation, 185.
Dentiste, 187.
Marchais (Georges), 189.
Manières de dire, 191.
Dimanche, 193.
Perestroïka, 195.
Cerveaux, 199.
Substitution, 201.
Europe, 203.
Hiver, 205.
SIDA, 207.
Magique, 209.
Coutumes, 211.
Farces, 213.
Contentieux, 215.
Langage diplomatique, 217.
Tombeau de Marx, 219.

IMPRIMERIE BRODARD ET TAUPIN À LA FLÈCHE (6-90)
DÉPÔT LÉGAL AVRIL 1990. Nº 12116-2 (6639C-5).